心理辅导班会方案丛书

心理班会课
是这样设计的

24堂成长课的奇迹

（高中篇）

孙 晶　主编

Psychological
Development
learning

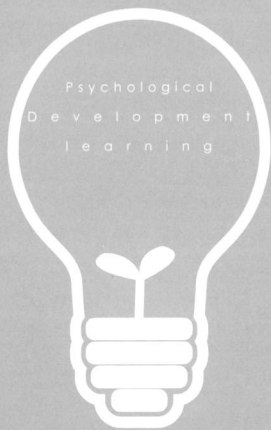

清華大學出版社
北 京

图书在版编目（CIP）数据

心理班会课是这样设计的：24 堂成长课的奇迹 . 高中篇 / 孙晶主编 .—北京：清华大学出版社，2019（2023.12重印）
（心理辅导班会方案丛书）

ISBN 978-7-302-51111-3

Ⅰ . ①心… Ⅱ . ①孙… Ⅲ . ①心理健康－健康教育－教学研究－高中 Ⅳ . ① G444

中国版本图书馆 CIP 数据核字（2018）第 197599 号

责任编辑：宋丹青
封面设计：七月之葵·李林寒
责任校对：王荣静
责任印制：沈　露

出版发行：清华大学出版社
　　　　网　　　址：https://www.tup.com.cn，https://www.wqxuetang.com
　　　　地　　　址：北京清华大学学研大厦 A 座　　　邮　　编：100084
　　　　社 总 机：010-83470000　　　　　　　　　　邮　　购：010-62786544
　　　　投稿与读者服务：010-62776969，c-service@tup.tsinghua.edu.cn
　　　　质量反馈：010-62772015，zhiliang@tup.tsinghua.edu.cn
印 装 者：天津鑫丰华印务有限公司
经　　销：全国新华书店
开　　本：148mm×210mm　　　　　　印　　张：8.75　　字　　数：242 千字
版　　次：2019年1月第1版　　　　　印　　次：2023 年 12 月第 7 次印刷
定　　价：39.00元

产品编号：081051-01

心理辅导班会方案丛书

顾　问：王延文 // 李国利

主　编：孙　晶

编　委：王艳翠 // 韦　诗 // 刘庆红

　　　　李　毓 // 赵　莹 // 郭　蕾

现代社会高速发展，社会适应能力对于每一个社会成员而言均至关重要，国家的持续发展更需要心理健全的人。心理健康教育是我国大力推行的素质教育的重要内容，其根本目标是培养学生乐观向上的心理品质、促进学生人格健全发展、充分发挥个体潜能，从而帮助学生全面均衡成长。在各级各类学校中广泛开展心理健康教育，全面培养和提高学生心理素质，是学校教育面临的新任务和新挑战，对提高广大青少年的综合素质、培养跨世纪的人才、加强精神文明建设、促进社会安定团结都具有重要的现实意义。

改革开放使我国呈现出全面迅猛的发展态势，教育领域也相应发生变革。20世纪80年代，我国开始关注学生心理健康教育。1999年，教育部成立全国中小学心理健康教育咨询委员会，同年8月印发《关于加强中小学心理健康教育的若干意见》。2002年8月，教育部颁布《中小学心理健康教育指导纲要》，指明中小学心理健康教育的发展方向。党的十七大报告第一次提出"加强和改进思想政治工作，注重人文关怀和心理疏导"。促进人的心理和谐，塑造自尊自信、积极向上的社会心态，已经成为推进社会主义和谐社会建设的重要方面。2012年年底，教育部印发《中小学心理健康教育指导纲要（2012年修订）》（以下简称《纲要》），为中小学心理健康教育工作提出更为具体的要求和更加科学的指导。

自国务院批准成立滨海新区以来，滨海新区的教育工作面临前所未有的发展机遇。滨海新区教育体育委员会坚持把德育工作放在首要位置，把心理健康教育作为提升德育工作针对性、实效性和科学性的突破口，"德育与心育融合"的区域发展模式逐渐形成，成为滨海新区的教育品牌项目。新区以实现全区中小学校心理健康教育的均衡发展、规范发展和提升发展为目标，创新工作机制，完善教育体系，推进学校心理健康教育普及化、科学化、制度化和全员化。新区先后建立滨海新区中小学心理健康教育指导中心，投入人力、物力建设覆盖全学段的12个心理健康教育教科研基地校。加强人才引进，培养本土名师，打造高水准心理教师队伍。2016年5月，成立天津市首个心理健康教育名师工作室——"滨海新区名师工作室孙晶心理工作站"，本套丛书正是心理名师团队教育科研工作的代表成果。

《纲要》明确指出："地方教育行政部门和学校要利用地方课程或学校课程科学系统地开展心理健康教育。"班主任是心理健康教育的主力军，是学生健康成长的引领者，是离学生最近的指导者。以班主任为主导的心理辅导班会课，将团体心理辅导的理念和技术引入班会课堂，既是广泛而深入地开展心理健康教育工作，又是增强德育工作实效性的最佳举措。

近年来，在天津市教委的领导下，在天津市学生心理健康教育发展中心和本领域著名专家的指导与支持下，滨海新区中小学心理健康教育工作正在蓬勃开展。本套丛书的出版是滨海新区中小学心理健康教育工作的又一重要成果，感谢各方的大力支持和编写教师的辛勤努力，希望本书可以成为提高心理班会课质量、提升中小学班主任心理健康教育能力的有效工具。

王延文

天津市滨海新区教育体育委员会党委书记、主任心理健康教育是当下各级各类学校教育关注的重点，对学生健康成长、全面发展具有重要意义。学校心理健康教育的基本任务在于减少学生的心理与行为问题，培养学生健全的人格和良好的个性心理品质，提高全体学生心理素质，充分开发潜能。

我国自20世纪80年代开始关注心理健康教育，随着社会发展，党和国家所致力建设的和谐社会更需要社会成员具有健康的心理状态，党的十七大报告第一次提出"加强和改进思想政治工作，注重人文关怀和心理疏导"。促进人的心理和谐，塑造自尊自信、积极向上的社会心态，已成为我们推进社会主义和谐社会建设的重要方面。

天津市滨海新区自成立起，心理健康教育就是教育领域的一项重要工作，"德育与心理健康教育融合"的区域特色工程逐渐向着科学、系统、规范与实效的方向发展，目前已经成为区域推进的教育品牌。心理健康教育工作的全面展开和迅速提升有赖于一支具备心理学专业背景的骨干专职心理教师队伍，在滨海新区中小学心理健康教育指导中心的带领下，开展了大量尊重科学、基于实践、重视理论与实践相结合的教研和科研工作。

在心理健康教育工作中，以班级为单位的团体心理辅导活动课程是实现面向全体学生开展工作的最为有力的途径。心理教师师资不足是很多学校面临的问题，而且这项工作的开展单凭专兼职心理教师是无法完成的。教育部出台的《中小学心理健康教育指导纲要（2012年修订）》中也明确指出，全体教师都要树立心理健康教育意识，尊重学生，平等对待学生，注重教育方式方法，关注个别差异，根据不同学生的特点和需要开展心理健康教育与辅导。

无论从师资还是课时角度来看，拓展传统班会课，将团体心理辅导的理念和技术引入班会课堂，都是广泛而深入地开展心理健康教育工作、提升德育工作实效性的最佳举措。班主任操作融合团体心理辅导理念和方法的班会课具有许多优势，如对学生的了解程度高、对班级的直接管理和引导权限大、与学生相处的时间和机会多等。由于团体心理辅导有较强的专业性，班主任在课程设计与实施方面均存在知识储备的不足和操作经验的欠缺。为了推动心理健康教育更为科学有效地开展，拓展和提升班主任心理健康教育的工作能力，滨海新区教体委批准，委托"滨海新区名师工作室孙晶心理工作站"完成本套丛书的编写。

"心理辅导班会方案丛书"是本年度滨海新区德育工作的重点项目。本丛书规划编写5册：小学低段篇、小学中段篇、小学高段篇、初中篇和高中篇。每个学段24节心理班会课设计方案，平均每个年级8节。小学段的主题模块包括：自我认识、情绪调节、学习辅导、人际交往、生活适应、安全与青春期教育。中学学段的主题模块包括：自我认识、情绪调节、学习辅导、人际交往、生活适应、生涯探索。根据学生的年龄发展特点、成长需要以及常见问题，将各个主题框架下的适宜内容统编到相应学段的分册中。本套班会方案丛书的两个突出的创新特点是：既考虑到学生的年龄特征和共同需要，又充分关注和尊重个体差异；课程安排既遵照不同年级学生的发展水平，又涵盖个体心理成长需要关注的基本角度。

每个学段均以年级顺序安排具体辅导主题和辅导内容，小学每个年级12堂，初高中每个年级8堂。每册书的辅导内容均分为6个主题模块，每个模块4堂，共24堂。高中篇的内容编排结构如下：

```
                          ┌──────────────┐
                          │    24堂       │
                          │   成长课      │
                          │              │
                          │   高中篇      │
                          └──────┬───────┘
        ┌────────┬────────┬──────┼────────┬────────┬────────┐
```

学习辅导	人际关系	自我认识	情绪调节	生活适应	生涯探索
策略与效率（高1）	走进新集体（高1）	走进自我空间（高1）	情绪的力量（高1）	我的高中我的班（高1）	梦出发的地方（高1）
动机与学习（高2）	与师同行（高2）	遇见未来的自己（高2）	心情变压器（高2）	时间都去哪儿了（高1）	放飞职业理想（高1）
备考面面观（高3）	家的天空（高2）	形象大使选拔赛（高2）	幸福处方（高3）	从众辩与辨（高2）	职场访谈录（高2）
沉着应考（高3）	友谊地久天长（高3）	天生我材必有用（高3）	情绪加油站（高3）	心灵有弹性（高3）	心想事成（高3）

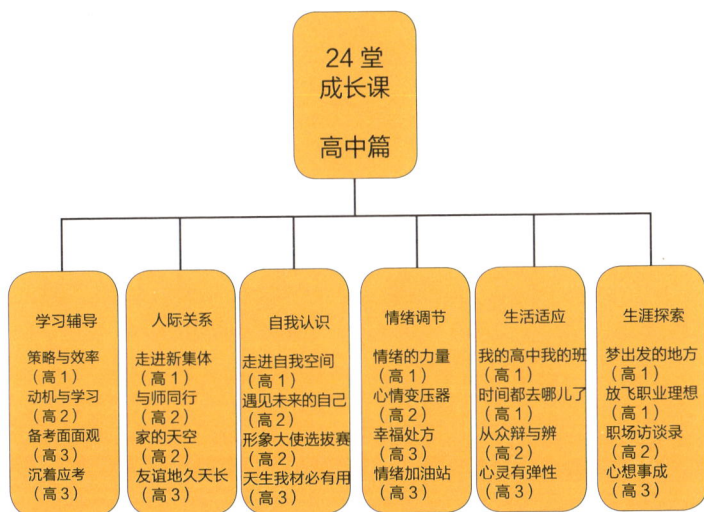

此外，编者基于20年的、以班级为单位的团体心理辅导课程研发的实践经验，探索出课程设计的标准化"四步结构"框架模式，每节班会课的活动内容均包括"导入""主题活动1""主题活动2"和"总结延伸"四个步骤，完整明晰，易于操作。活动设计基于国内外大量的文献资料和具体实践，重视原创。建议指导语与引导要点相结合，既指导授课教师把控课堂带领的关键环节，又为授课教师预留了充分的个性化再加工空间。从精确的课前准备指导到内容丰富的活动资料库，均贯彻专业化和科学性相结合的服务精神。在国内同类书籍中，本书的编写理念是尊重科学、充分实践的新的探索。

专业基础扎实和业务能力较强的编写团队是本套丛书质量的保障，本套丛书主编由具有20年一线工作经验的专家型心理教师担任，6位编者来自小学、初中和高中各学段，均具有心理学硕士学位，理论基础扎实，实践经验丰富。希望本套丛书既可以成为推动滨海新区中小学心理健康教育工作的重要工具，也可以作为阶段成果与广大心理健康教育工作同人交流研讨。

丛书主编　孙晶

目录

CONTENTS

{ 高三年级 }

PART ONE

{ 高一年级 }

第 1 堂

走进新集体

人际关系

PSYCHOLOGICAL
DEVELOPMENT
LEARNING

一、活动目的

1.通过"谁是有缘人"活动，促进新同学相识并熟悉。

2.通过课堂讨论和分享，体验初期接触对人际关系建立的重要性，掌握建立良好第一印象的方法。

3.通过"梦想家园"活动，引导学生了解可能出现的适应性问题，做好积极准备，更好地融入新的班集体。

二、活动准备

1.分成6组摆放桌椅，每组椅子数量尽可能平均，呈马蹄形布置，教室中间预留活动空间。

2.准备6种颜色的彩纸条，每种彩色纸条数量尽可能平均，总数为班级人数。

3.在彩纸条上再以数字分组法标明数字，数字1~6平均分布。

4.准备6种颜色的彩色纸桌牌，桌牌上再标出数字1~6。

5.每组1张A3纸，1张活动记录单，1支笔，彩色笔若干。

三、活动过程

📖 活动1：谁是有缘人

【辅导要点】

通过"谁是有缘人"活动，制造各种不同的分组机会，让更多的同学相互熟悉。

【活动时间】

15分钟。

（建议指导语：同学们，我们常说"有缘千里来相会"，今天就来看看谁是你的有缘人！）

【活动内容】

（1）第一次分组。

①请所有同学在教室中间的空地围成一个圆，按照1、2、3、4、5、6的顺序依次报数，请相同数字的同学分为一组，坐到放置相应数字桌牌的小组就座。

②组内的同学依次介绍自己，尽可能让同学们记住你叫什么，名字怎么写，毕业学校，爱好、特长。

③时间5分钟。

（2）第二次分组。

（建议指导语：刚才的活动中你一定认识了一些同学，现在要重新分组啦！）

①将事先准备好的彩色纸条放到盒子里，每个学生抽取一张。

②找到与自己抽取颜色相同的桌牌处落座，进入新的小组，用刚才的方式再次介绍自己。

③如果遇到第一次分组时的同伴，要握手致意。

④时间5分钟。

（3）第三次分组。

（建议指导语：同学们注意了没有，你抽到的纸条上面还有一个数字！）

①请按照彩色纸条上的数字找到新的小组，用之前的方式介绍自己。

②如果遇到之前分组时遇到的同伴，要握手致意；如果三次分组都是伙伴的，要为这难得的缘分击掌庆祝。

③时间5分钟。

（4）分享感受：什么是缘分？

每组选派一名代表发言，关于缘分，谈谈自己的感受。

📋 活动 2：智慧讨论

【辅导要点】

通过小组讨论与分享，了解第一印象对良好人际关系建立的重要性，以及建立良好第一印象的有效方法。

【活动时间】

10分钟。

【活动内容】

（1）小组选出组长，负责组织讨论和之后的小组活动，发放活动记录单。

交流主题：

①你记住了几个同学，对哪个同学的介绍印象最深？

②第一印象对人际关系有什么影响？

③如何才能给对方留下良好的第一印象？

（2）组长负责组织讨论，并在小组活动记录单上记录。

（3）讨论5分钟后，组长代表小组在班内交流，每组发言时间控制在1分钟（如果时间紧张，可以每两组分享一个题目，其他组补充）。

【引导要点】

（1）向别人介绍自己，是一种自我形象的管理。

（2）积极地向他人介绍自己，别人也会把你记得更牢。

（3）被别人记住对自己是一种正面的反馈，会更乐于向别人展示自己。

（4）建立良好第一印象的要点：

①主动表示友好；

②介绍方式生动形象；

③认真倾听；

④尽量记住对方的姓名。

📋 活动3：梦想家园

【辅导要点】

通过本活动，引导学生憧憬新的集体生活，送出祝福，促进与新同学建立良好的关系，更好地适应新的学习生活。

【活动时间】

15分钟。

【活动内容】

（1）每组发放一张A3纸，以"梦想家园"为主题，合作完成小组作业。

（2）利用提供的彩色笔，组内讨论布局，每位同学都要写上自己的寄语。

（3）寄语内容可以是对新的集体的祝福，也可以是对新的学习生活的期待。

（4）对本组作品进行美化，尽量图文并茂。

（5）时间10分钟，之后班内展示。

📋 活动4：总结与延伸

【活动时间】

5分钟。

【活动内容】

（1）自由发言，说说自己对新集体的感想。

（2）建议课后继续完善"梦想家园"作业，班内做主题文化展示。

四、活动素材库

1. 设计背景

高中生的心理发展水平不断提升，但仍未完全成熟，他们喜欢表现自己独特的个性，又渴望拥有一个可以依赖的集体。所以对于高中新生来说，新的班级和同学对他们来说是很有吸引力的，他们乐于参与集体活动，希望在活动中展示自己，渴望从集体生活中得到认可。作为班主任应该充分利用这一特点，积极开展班级活动，重视班级建设，培养学生的集体意识，增强同学间的友情。

本节心理班会课针对高中新生设计，目的在于通过预设的活动情境增进同学之间的交流，促进彼此的了解。让同学们感受到集体的温暖，认识到自己也是集体中的一员，并愿意为集体的团结而努力，从而增强班级的凝聚力。

2. 理论支持

（1）首因效应。

"首因效应"又称"第一印象效应"，它指的是第一次与人或物接触时留下的深刻印象，这些印象是在短时间内以一些片面的信息作为依据进行判断的。心理学研究发现，一个人在45秒之内就会对一个新的人或事物形成第一印象，第一印象对个体之后对这个人或事物的判断会产生重要的影响。一般来说，第一印象越深刻，它对之后的判断影响就越大。

曾有这样的实验：研究者将被试分成两组，让他们看同一个人的照片，并猜测这个人的身份是罪犯还是科学家。第一组被试看照片上的人眉头紧锁，目光阴郁，头发蓬乱，衣服脏乱；第二组被试看照片上的人眉头舒展，目光深邃，头发整齐，衣服整洁。结果第一组被试绝大多数认为照片上的人是个罪犯，而第二组被试则多数认为照片上的人是个科学家。这就是第一印象对一个人的判断产生的重要影响。

（2）近因效应。

近因效应与首因效应相反，当人们从同一个事物那里接收到很多信息时，通常最后的信息带来的印象会对个体对这个事物作出的判断产生更大的影响。也就是说，在交往过程中，最近对一个人产生的印象会掩盖原来的印象，很可能会使其对一个人或事物产生新的判断。

心理学家卢钦斯做过一个实验，他让两组被试观看同一个人的两段不同的特点。第一组被试先看关于这个人热情外向的特点描述，再看关于这个人冷淡内向的特点的描述，而第二组被试刚好相反。实验结束之后立刻让被试对这个人进行描述，被试普遍受第一个材料的影响更大，这是首因效应的影响。而如果在观看完材料之后，让被试去做一些分心任务，过一段时间再让被试描述这个人，结果发现，两组被试的描述都受后一种材料的影响更大，这是近因效应。

（3）名片效应。

名片效应指的是在双方交往的过程中，如果一方表明的态度或观点与对方相同，这就容易让一方认为自己与另一方有更多的相似之处，能更容易拉近彼此的心理距离，更愿意相互接近，并结成良好的人际关系。这就相当于在与人交流的过程中，将自己的特点以一种"心理名片"的方式传递给对方，让对方接纳自己。在实际的交往过程中，如果我们希望获得他人的认同或有进一步的发展，可以细心地观察他人的观点，吸收那些自己可以接纳的观点，形成自己的"心理名片"，在关键的时候发送出去，能更快地赢得他人的好感。

（4）自我介绍及注意事项。

自我介绍是将本人介绍给他人。在介绍自己的时候，最好使用简洁、风趣的语言，让陌生的人记住你，熟悉你的人更了解你。所以在介绍自己的时候除了要将自己的基本情况说清楚，还应该将自己的特点展示出来。需要注意的是，如果过于夸夸其谈，甚至炫耀自己，不会收到良好的效果。只有自信、谦逊、随和的介绍才能赢得他人的尊敬与信任。

向他人介绍自己的时候应该注意以下几点：

①注意态度。

与人交流的过程中应该保持一个自然、大方、友善、亲切的态度，这样别人才会愿意与你进一步交流。不能自大、骄傲或者夸大事实，也不能自卑、心虚、唯唯诺诺，应该表现出自己渴望认识对方的真诚情感。在语言表达的过程中语速要正常，语音要清晰。

②注意时机。

并不是任何时候都适合进行自我介绍。自我介绍需要他人的倾听，否则就是白费功夫。所以我们在表达之前应该观察对方是否愿意听，是否有时间听。只有对方对你的介绍感兴趣时，你的介绍才会被别人接受并收到良好的回应。

③注意时间。

自我介绍的目的是让别人认识自己，了解自己的特点，对自己感兴趣，所以在介绍时间的设置上应该恰到好处。时间太长会让别人产生厌烦的感觉，而太短则让对方不能全面地了解你。所以我们在介绍自己的时候应该抓住要点，简明扼要，这样既能节省大家的时间，又能让别人记住自己。

④注意方法。

自我介绍时表达的方式与表达的内容一样重要。在人与人交流的过程当中，视觉系统接受的信息也为自己的判断提供了绝大部分的依据。所以我们除了在内容、语气上要表达出自己的友好、真诚，在动作上也应该有适宜的表现。我们在开始时可以先向听者点头致意，得到回应后再自我介绍。在介绍的过程中要善于用眼神表达自己的友善，以及沟通的愿望，这样能够让整个介绍过程自然、流畅，并形成积极的互动。

⑤注意内容。

自我介绍可以根据目的不同而有不同的侧重点，但一般来说都包括自己的基本信息及相关特点。在介绍自己的信息的时候应该连续、自然，这样能让人对你形成一个完整的印象。

3. 可替代活动

（1）名片漂流（可替代活动1）。

【辅导要点】

通过制作"我的名片"，将关于自己的基本信息以图文形式表达，并参加小组漂流活动，增进彼此了解。

【活动内容】

①制作"我的名片"。利用提供的彩色卡片和彩色笔制作"我的名片"。

②将"我的名片"放入小组名片漂流盒中，随机抽取，介绍你抽到的名片的主人，给小组成员认识。

③寻找有缘人。将全班名片汇总，每组派代表，随机抽取，介绍名片的主人给全班同学认识，被抽到的同学继续抽取，以此类推。

（2）班级公约（可替代活动3）。

【辅导要点】

作为班级成员，共同约定规则，有助于让自己主动地融入集体。

【活动内容】

（1）讨论主题：为了让自己更快融入班集体，我们在平时可以怎么做？

（2）以小组为单位进行讨论，组长进行记录，然后全班进行交流。

（3）征集所有条目后逐条发表意见并举手表决，过半数认可的做法，即被纳入"班级公约"，最终形成具有自己班级特点的共同约定。

（4）每个人都参照"公约"要求，让自己更快地成为班级的一员。

4. 活动记录单

议　题	内　容
你记住了几个同学，哪个同学的介绍印象最深？为什么？	
第一印象对人际关系有什么影响？	
如何才能给对方留下良好的第一印象？	
我的收获有哪些？	

第2堂

我的高中我的班

生活适应

PSYCHOLOGICAL
DEVELOPMENT
LEARNING

一、活动目的

1.通过"相逢是首歌"活动明确主题，热身分组，促进学生间的交流与互动。

2.通过创作班歌促进小组建设，增进了解与沟通，给新的集体和高中生活以积极期待。

3.通过"点子公司"活动引发学生对高中生活适应性问题的思考，分析对策，积极预防，主动调整。

二、活动准备

1.依据场地条件和班级人数划分小组，每组6~8人，确定组长。

2.准备与小组数量相同的歌曲名，歌名要正能量表述。例如，《相逢是首歌》《青春修炼手册》《我们都是好孩子》《阳光总在风雨后》《我的未来不是梦》《爱拼才会赢》《相亲相爱一家人》《站起来》《最初的梦想》《青春纪念册》《同桌的你》《明天会更好》《奔跑》等。

3.制作内部写有歌名的折纸作品（或者密封信封），学生随机抽取参加分组游戏。

（注意：写有每首歌名的折纸作品的数量与小组成员数相同，总数与班级人数相同，每一类歌名折纸中有一份以星号标记，抽到的即为该组组长。）

4.准备纸质空白桌牌。

5.印制活动记录单（见活动素材库）。

6.印有案例的A3纸（案例内容见活动过程），每个案例1张。

三、活动过程

📖 活动1：相逢是首歌

【辅导要点】

热身活动，导入主题，通过以歌名寻伙伴的方式，增进学生间的互动。

【活动时间】

5分钟。

（建议指导语：人生是一首歌，一首吟唱悲欢苦乐的歌；我们的高中时代、青葱年华更是其中关键的乐章，是高亢还是低沉要看我们自己如何去填词、作曲。大家从茫茫人海中走到了一起，这样的相逢也是一曲美妙的歌，就像有首歌的名字——《相逢是首歌》。）

【活动内容】

（1）每位同学拿到一个写有歌名的折纸作品，随意入座（折纸作品可以由其他物品代替，只要可以写明歌名又不让学生看到即可）。

（2）活动规则。

①听到老师的指令后打开折纸作品，将看到老师送给你的一首歌。

②持有相同歌名的同学为一个小组，每位同学要在最短的时间内找

到自己的小伙伴。

③发现自己的歌名中有星号即为组长，组长要立刻确定本组的位置，并在空白桌牌上写上自己小组的名字：你抽到的歌名。

④所有小伙伴集合好后，组长举起桌牌向老师示意。教师发出活动开始指令。

⑤全程保持安静，为最快完成小组颁发"最佳团队奖"，为最遵守规则小组颁发最佳文明奖，提示课堂基本要求（根据任务完成情况随机确定获奖小组数量）。

📋 活动 2：班歌创作营

【辅导要点】

通过小组合作完成班歌创作，增进学生彼此的了解，感受合作的快乐，活跃班级氛围。

【活动时间】

10分钟。

【活动内容】

（1）各组在组长的带领下，以本小组的歌名为元素，在限定时间内编写一首班歌歌词。

（2）要求每位组员至少想出一句歌词，可以使用头脑风暴的方法。时间5分钟。

（3）组长将本组作品书写在课堂记录单上，组内交流，修改。

（4）在全班交流，通过小组投票方法选出最佳作品，得票高者胜。

（5）教师总结，进行"最佳创作奖"颁奖。

（建议指导语：有缘在高中遇到，希望同学们能够珍惜在这个集体中度过的青葱岁月。高中生活面临挑战和机遇，大家互助探讨一下，如何才能顺利度过高中生活。）

🔖 活动 3：点子公司

【辅导要点】

以案例的形式呈现高中新生可能不适应的角度，以小组为单位为案例中的主人公"出谋划策"。

【活动时间】

20分钟。

（建议指导语：各小组变身为"点子公司"，为求助者提供较为合理、实用的对策。）

【活动内容】

（1）各个小组是一个"点子公司"，组长是CEO。

（2）每组抽取一个案例（教师可以根据班级情况调整更改案例内容），内容如下：

①小刚：高中的学习真的有意义吗？考上大学又如何？高中、大学所学的知识以后工作根本就用不着。李嘉诚14岁就辍学了，霍英东12岁就开始谋生，他们不照样都成为企业家。倒是读过大学找不到合适工作的人比比皆是。其实，能力比知识、学历更重要，现在的教育培养的都是高分低能的人，我其实并不想变成书呆子，要不是父母逼着，我早就创业去了。

②小敏：上高中，上高中，总算上了高中，却发现这生活真是醉了。每天都努力地听讲，可好像只能听明白一点儿，家庭作业都有不会写的，考试就更不敢想了。家长每天都在耳边唠叨：要努力要考好大学，可是我真的努力了，我下课写、回家写，每天好晚才睡，很早就起，真的太累了，问题是成绩还是上不去，我该怎么办呀？

③小丽：初中时我就是班长，老师、同学也都认可我，学校领导都

和我很熟，到了这个班，竞选班委居然落选了，而且还比别人差了好几票。我觉得自己比另外几个候选人都优秀，成绩不错，能力也有，我就想不明白这是为什么呢？难道是老师对我有意见才这样的？我也没得罪他啊！真是的。

④小慧：我的同桌太讨厌了，我都快烦死他了。整个人都特别张狂，说话大嗓门，遇到什么事反应还特别大。桌子上堆的东西乱七八糟，上课随意发言，学习好又有什么了不起。最过分的一次是居然把我的书塞到了他的书包里，还死不承认。我都和老师说了要换座，为什么还不给我换呢！

⑤小雅：新的老师真是太让我忍受不了了，为什么她处处都针对我。初中的老师温柔又可爱，可是现在的这个老师讲话总是咄咄逼人，还经常上课叫我回答问题。有一次因为一道作业题我不会做，把我狠批一顿！好在后来给我讲明白了。她是不是看我不顺眼啊？看到她我都想躲着走，因为她这门课我都不想学了。

⑥小辰：我在班里好像找不到什么朋友，我该怎么办呢？周围的人喜欢的是什么"日漫""美漫"，可是我基本都不知道是什么；他们还喜欢上网玩游戏，可是我并不觉得有什么好玩儿的。平时，看到同学们在群里聊得可热闹了，我却没有可以插话的地方，偶尔说几句也没什么人理我。有时，我特别羡慕有很多小伙伴的人，我怎样做才能变成那样？

（3）小组讨论，为案例中的主人公想两条对策，写在案例下方空白处，限定时间为2分钟。

（4）各组按照顺时针方向传递案例，采用旋转工作制，依次给每个案例都提供两条建议，不要与前面"公司"的意见重复，直至拿到自己原来的题目。

（5）各组进行案例汇报，包括具体求助内容和建议。

（6）教师总结。

【引导要点】

新生适应性问题的主要角度有新的学习环境、新的人际关系、新的学习任务和新的角色地位。

（建议指导语：相信每位同学都能成为最佳实践者和最具潜力者。相信当你或者是身边的小伙伴在高中阶段遇到困惑时能想起今天的这些点子，学会自助与互助，共同健康成长。）

圊 活动 4：总结与延伸

【活动时间】

5分钟。

【活动内容】

自由发言，谈谈对高中生活的感受与憧憬。

四、活动素材库

1. 设计背景

刚刚升入高中，进入新的班级，学生彼此有了初步的了解和认识。经历了最初的相识，伴随新鲜感、好奇心而来的是对高中生活的不适应，特别是学习内容和方法、新的伙伴关系及师生关系、在新班级中的角色地位等角度的不适应会比较突出。

本课以轻松的方式引导学生主动沟通，对高中生活建立积极期待，以"点子公司"作为核心活动，运用小组、组间头脑风暴的方法将新生适应的主要角度以案例方式呈现，发挥集体智慧和互助精神，主动寻找自我调适的有效方法。

2. 理论支持

（1）学校适应：Ladd（1997）的定义被大多数研究采纳。他认为，学校适应就是在学校背景下愉快地参与学校活动并获得学业成功的状况。

（2）学校适应良好：Gerdes等人（1994），用这样三句话来定义：留在学校，心理健康，学习优秀。用一句话来说就是，学生能够留在学校、学习优秀并且心理健康的状态就称为学校适应良好。

（3）容易出现不适应的角度。

①学校客观环境：新生入校后，面对的是新环境、新教师、新同学，全新的一切需要他们去认识、去熟悉、去适应，因而在心理上总有一种紧张感和好奇感，加之由初中生成为高中生这个现实角色的转变快于心理角色的转换，要适应高中生活必定有一个过渡阶段。

②学校管理：各学校在执行上级的统一要求下，都有自己的具体做法。新生入学后对学校的教学管理、纪律管理、校园管理等不全面了解，则有不理解或违纪的情况出现，部分学生因此心理紧张、迷茫，不知所措。

③人际关系的不适应：作为社会的人，都要有一个正常的人际关系，建立正常的人际交往才有安全感和归宿感。新生来自各个学校，人与人之间尚未了解，因为刚到校，面对这全新的一切，感到迷茫、不解、苦闷等相对多些，而这一切又无法倾述出来，心里更为难受。

④角色变化：有些学生在初中时是较为优秀的学生。在家里受父母关爱，在学校得到领导重视、教师偏爱、同学敬佩。而到了新的学校后，没有了教师的特别关爱，没有了同学敬佩的目光，前后对比，感到很失落。

⑤学习方面：高一的教学与初中有很多不同的地方。首先是老师个体之间的教学风格不同，而学生面临的是全新的老师；其次是学习深度上有差异，初中阶段是义务教育，教学内容的难度和检测的要求相对比较低，而高中阶段却加大了；第三是高中学科增多；第四是要求学生自学深化的学科多了。这些都很可能让新生们难以适应。

（4）新生调整建议。

①学习方面：尽快摸索出适合自己的学习方法。首先，要形成良好

的学习习惯；其次，要培养自学能力；再次，学会总结，总结考试的经验教训，及时调整改进学习方法；最后，要多与老师、同学交流，当天的问题当天解决，不要积累问题。

②心态方面：放平心态，制定目标。首要的问题就是要摆平心态，不管以往如何，踏踏实实投入新的高中学习中来，这才是最为重要的。要勇于面对挫折，不要一两次考试成绩不好，就丧失信心，自暴自弃。根据自己的能力、实力和学习要求，制定通过学习努力能达到的目标。这样，每完成一个目标，就有一种成就感，从而增强自信心。同时，有困惑可以和老师、同学、父母交流，听听他们的建议，学习他们的经验。同时这也是倾诉自己的烦恼、寻求帮助与分担的大好时机。

③生活方面：敞开心扉，融入集体。一是要主动与同学交往。不能够事事等待别人来关心自己，更不能孤芳自赏。可主动向他人介绍自己，让他人更快了解自己，从而主动和同学建立良好的人际关系。当别人有困难时，应该尽自己的能力去帮助别人，在学习上、生活上多关心他人。二是积极参加班集体活动。积极参加班级开展的主题班会、讨论课、校内及社区活动、运动会、文娱活动等，尽自己所能，为班级争光，这既是展示自己、把自己融进班集体的大好机会，又能培养自己的兴趣爱好。三是培养自己良好的生活习惯，早睡早起，多锻炼身体，丰富自己的课余生活。

3. 可替代活动

（1）手指操（可替代活动1）。

大拇指见面点点头，食指见面挥挥手，中指见面鞠个躬，无名指见面碰碰头，小指见面勾勾手，我们都是一家人（做五指交叉握拳放在胸前的动作）。请同学们将手掌张开，十指交叉起来，连续做三次。看看自己是左手的拇指在上还是右手的拇指在上。再用相反的方式交叉双手，体会一下是什么感觉。

（2）谁动了我的奶酪（可替代活动3）。

【辅导要点】

通过故事中的人物分析，结合新生适应阶段的认识、情绪与行为调整进行讨论，引导学生主动面对新的挑战，做好角色转换。

【活动内容】

①介绍故事梗概。

这是关于两只小老鼠和两个小人的故事，其中一只老鼠名叫嗅嗅，他能够及早地嗅出变化的气息。一只老鼠名叫匆匆，他能够迅速地开始行动。一个小人叫哼哼，他害怕变化而否认和拒绝变化。另一个小人叫唧唧，他看到变化会使事情变得更好时，能够及时地调整自己去适应变化。

故事是这样的：

很久以前有两只小老鼠和两个小人唧唧和哼哼住在一座可以无限供应奶酪的迷宫里，不过奶酪藏在迷宫的某一个角落。两只小老鼠是凭着直觉去找的。而唧唧和哼哼则是凭着分析和推理去找，他们花了很大的功夫终于找到一座看上去可以吃不完的奶酪山，于是他们连住的地方都搬到奶酪山的附近，日复一日，过得很快乐。直到某一天……奶酪山不见了！两只小老鼠立刻决定去找下一座奶酪山。但是两个小人却被奶酪消失的景象震撼住了，他们不断问自己并相互讨论："谁搬走了我的奶酪？"

日子在困惑中一天天过去，其中一个小人唧唧决定接受这个事实，去找下一座奶酪山。可是他的朋友哼哼却不愿意，还是坐在原来的地方，希望搬走奶酪的人会将奶酪山还给他。出去找奶酪唧唧在路途中几度因为不确定能否找到奶酪山而动摇，但是他却发现：当一个人摆脱了自己的恐惧，就会觉得无比的畅快和舒适！虽然那时他还没有找到奶酪，但是他不再为过去曾经拥有又失去奶酪山而感到痛苦。最后他终于找到了新的奶酪山，也见到了那两只小老鼠。

两只智慧的小老鼠因早就发现旧的奶酪山有越来越少的迹象，所以当旧奶酪山消失时，它们毫不犹豫地开始寻找下一座。然而，当唧唧兴高采烈的带着新的奶酪找到他的朋友哼哼时，哼哼却拒绝吃新的奶酪，因为他仍然想吃旧的奶酪，仍然希望拿走奶酪山的人有一天会将奶酪还给他。哼哼仍然在原地不断地抱怨："到底是谁拿走了我的奶酪！"但是他怎么也想不出答案。他开始失眠，力气一天比一天小，而且情绪也变得越来越糟糕。

②你觉得自己更像故事中的哪一个主人公?

③结合故事，想一想，谈一谈，我们该如何面对初中到高中生活的转换。

（3）造反运动（可替代活动1或活动4）。

做出的动作与口令相反。当口令是"左"时，学生向"右"；当口令是"前"时，学生向"后"等进行相反口令的动作。如果参与的学生没有按口令进行或出错，则要受到惩罚。

4.活动记录单

班歌创作营

我对高中生活的感受与憧憬

_____

_____

_____

梦出发的地方

生涯探索

PSYCHOLOGICAL

DEVELOPMENT

LEARNING

一、活动目的

1.通过"梦想接龙"热身活动，初步了解学生对于梦想的思考角度。

2.通过制作"梦想诗画"，引导学生将自己对未来的憧憬具体化，并立足当下，思考实现梦想的条件。

3.通过"梦想启航"活动，促进学生检索和选择自己喜欢的大学及专业，为今后的学业探索奠定基础。

二、活动准备

1.按照场地和班级人数划分小组，每组6~8人，确定组长。

2.准备"梦想诗画"用纸，白色或者彩色均可，32~16开。

3.尽可能充足的水笔、彩色水笔或素描铅笔，每组若干。

4.活动背景音乐，以轻柔舒缓的风格为宜。

三、活动过程

📋 活动1：梦想接龙

【辅导要点】

通过接龙游戏请每个同学依次说出自己的梦想，热身的同时了解学生对于梦想的思考角度。

【活动时间】

5分钟。

（建议指导语：很多人心中都有一个美好的梦想，可以是向往的大学和专业，可以是对未来生活的憧憬，也可以是自己的一个愿望。这里就是梦想开始的地方，我们来说说自己的梦想。）

【活动内容】

（1）以击鼓传花的方式进行梦想接龙，即音乐停止时，请手持花束（也可以是其他能够传递的物品）的同学说出自己的梦想。

（2）传递方式从第一组开始，依次向第二组、第三组，直至最后一组的最后一个同学为止。

（3）音乐停止间隔要短，发言同学掌握在10人左右。

（4）自由分享：梦想是什么？（请2～3个学生回答）

【引导要点】

（1）无论梦想是宏大的还是微小的，只要我们的感情是真实的、强烈的，它都能给我们带来强劲的学习和成长动力。

（2）梦想不分大小高低，只要充满激情，坚持不懈，实现了梦想就是一种成功。

📖 活动 2：梦 想 诗 画

【辅导要点】

通过设计制作自己的"梦想诗画"作品，并在组内和班级分享，从而呈现自己的并了解伙伴的梦想，拓宽学生对未来的思考范围，增强其奋发学习的动力。

【活动时间】

25分钟。

（建议指导语：为了能够认真思考并具体呈现自己的梦想，还可以和同学共同分享，互相激励，请大家利用发放的设计图纸和彩色笔，制作自己的"梦想诗画"。）

【活动内容】

（1）每个同学发一张"梦想诗画"作品设计纸。

（2）以诗歌和绘画相结合的方式，将自己的梦想以独特的方式表达出来。

（3）设计时间10分钟。

（4）完成后在组内分享交流5分钟。

（5）每组选出最有创意作品，在全班交流。

（6）教师总结。

（可以呈现事先制作的关于梦想的美文诗。例如：仰望灿烂的星空，脚踏实地奔向远方；选定目标勇往直前，积蓄能量飞翔；让我们发奋努力，让梦想启航。）

📖 活动 3：梦 想 启 航

【辅导要点】

通过思考如何才能实现梦想，引导学生立足当下，从现在开始努力，梦想才会起航。

▲ ▲ ▲ ▲ ▲ ▲ ▲ ▲

【活动时间】

10分钟。

【活动内容】

（1）思考从现在开始，要怎样做才能实现梦想？

（2）将实现梦想的路径以阶梯的方式呈现出来，写在"梦想诗画"作品的背面。

（3）组内分享，组长总结归纳实现梦想的基本步骤。

（4）班内分享，组长发言，采用补充发言的方式，即后面小组发言补充前组，意见统一可以不发言。

（5）教师总结。

【引导要点】

（1）梦想对个体发展具有非凡的意义。

（2）高中生的梦想多与教育和职业理想密切相关。

（3）梦想再高远都要脚踏实地。

（4）无论是什么样的梦想，想要变成现实，立足当下、积极乐观、坚持不懈都是必备条件。

📋 活动4：总结与延伸

【活动时间】

5分钟。

【活动内容】

（1）自由发言，就本课活动内容发表自己的感想。

（2）建议将学生作品在班内文化墙展出。

四、活动素材库

1. 设计背景

高一年级的初始时期是引领学生形成整个高中阶段主动学习和发展状态的关键所在，必须抓住这一难得的教育时机，引导学生树立学习目标，培养学习的主动性，促进养成良好的学习习惯，理性面对自己的高中生活，为顺利完成高中的学业和成长任务奠定良好的基础。

刚进入高中校园不久的学生，学习目标多以考试成绩设定，欠缺长远的规划和打算，由于高中学习任务骤然增加，仅以考试成绩作为动力会令很多孩子逐渐迷茫，降低学习的积极性。开展以立足当下，展望未来梦想为主题的心理班会课，可以借由学生对未来的期待，拓宽其自我探索的发展空间，寻找长久的成长动力。促使学生思考自己的学习目标，形成规划意识，调动学生积极性，以更好地完成高中学业，考上理想大学，使梦想实现成为可能。

2. 理论支持

（1）目标的意义。

在人类从事的各项活动中，确定前进的目标非常重要，这是获得成功的关键因素，正如美国著名行为学家丹尼斯·韦特莱所说："有了目标，内心的力量才会找到方向。茫无目标的飘荡终归会迷路，而你心中那一座无价的金矿，也因不开采而与平凡的尘土无异。"他认为一个人不愿意计划他整个的生活、工作和学习，就注定会失败。对于学习来说，合理的学习目标的确对学业成功起到至关重要的作用。

（2）如何树立理想。

在目标体系当中，实现期限最长的一般叫作理想。理想的主要作用表现在可以使人产生积极性和主动精神，增加自身的活力。对于理想的确立也应当讲求适当，要考虑自身状况和客观条件是否允许。帮助学生树立远大的理想非常必要，可以通过一些自我训练去巩固和完善它。比如：

①引导学生用积极的言语进行自我鼓励，获得乐观、愉快的情绪体验。

要实现自己的理想，就必须有信心，经常给自己加油，增强克服困难的勇气。

②有长远目标，不拘泥眼前利益。

无论是对自己、他人还是其他事物，都要有开阔的眼界。竞争中失利，生活中受挫都不要太在意，因为自己的一切经历都是为了实现心中的理想。遇到享乐等诱惑或眼前小利，告诉自己要先舍弃，才能获得更多。

③提高自我认识的水平，不断坚定立场。

对自己有清醒的、客观的认识，在此基础上设想自己的未来，而后就为了这个理想而奋斗。不论别人怎样看待自己，是褒还是贬，是支持还是反对，都要有自己的原则。如果能经常性地进行这方面的自我训练，会对目标的实现起到重要作用。

实现目标需要人们付出很大的努力，其中难免困惑、波折，要做一个勇于向自己挑战的人，不论胜负，都是强者。

（3）我国大学分类。

我国高等院校数量较多，普通本科院校近千所，普通高职（专科）院校1000余所，经国家批准设立的独立学院几百所，经国家审定的分校办学点数十个。

①按照院校的层次分类。

根据办学条件和社会认可程度，可以大致将普通高校划分为7个层次：

第一层次：国家重点支持的列入"985工程"的高校；

第二层次：国家重点支持的列入"211工程"的高校；

第三层次：各省（区市）列为本科一批录取的高校；

第四层次：各省（区市）列为本科二批录取的高校；

第五层次：民办本科高校；

第六层次：普通高职高专；

第七层次：民办高职高专。

② "985工程"院校。

1998年5月4日，时任总书记江泽民在庆祝北大建校100周年大会上向全社会宣告："为了实现现代化，我国要有若干所具有世界先进水平的一流大学。"为贯彻落实党中央科教兴国的战略和江泽民同志的号召，教育部决定在实施"面向21世纪教育振兴行动计划"中，重点支持北京大学、清华大学等部分高等学校创建世界一流大学和高水平大学，简称"985工程"。

③ "211工程"高校。

1993年2月13日中共中央、国务院印发的《中国教育改革和发展纲要》及国务院《关于〈中国教育改革和发展纲要〉的实施意见》中，关于"211工程"的主要精神是：为了迎接世界新技术革命的挑战，面向21世纪，要集中中央和地方各方面的力量，分期分批地重点建设100所左右的高等学校和一批重点学科、专业，使其到2000年左右在教育质量、科学研究、管理水平及办学效益等方面有较大提高，在教育改革方面有明显进展，力争在21世纪初有一批高等学校和学科、专业接近或达到国际一流大学的水平，并可概括表述为："211工程"就是面向21世纪，重点建设100所左右的高等学校和一批重点学科点。

④按照院校类型划分，我国院校类型主要分为综合类、理工、农林、医药、语言、师范、财经、政法、体育、军事、民族、艺术类院校，简单的可以分为综合型院校和专业型院校。综合型院校内专业相对齐全，可以有效地进行学科融合和渗透，通过人文课程改革、开设各类选修课、加强美学教育等方法，提高学生的人文素质修养。专业型院校专业相对集中，分类也相对细致，学生可以接受全方位、多角度的专业学习。

3.可替代活动

（1）我的大学梦（可以替代活动2）。

（建议指导语：梦，承载着生命之树的热情和奔放，大学就是放飞梦想和热情的地方。每个人心中都有一个美好的愿景。现在请同学们结合自己的实际，把你向往的大学填写在梦想卡上）。

①请学生课前查阅自己喜欢的大学信息，然后在课上完成大学梦想卡。

②梦想卡内容。

我是……

我向往的大学是……

我选择这所大学的理由是……

我需要为此付出的努力是……

③自由设计梦想卡的样式，尽可能生动，有艺术感染力。

④组内分享、班级交流。

⑤在班内做主题文化展示。

（2）入学超市（可以替代活动3）。

教师准备具有代表性的国内大学的相关资料，分类为学生呈现，由学生自由选择，对感兴趣的大学和专业进行归纳总结，介绍给同学，互动交流。

第4堂

策略与效率

学习辅导

PSYCHOLOGICAL

DEVELOPMENT

LEARNING

一、活动目的

1.通过"抢红包"活动引导学生积极思考，总结高中的学习生活与初中的不同。

2.通过"找方法"活动让学生讨论并总结新的学习方法，互相借鉴，确定适合自己的学习策略。

3.通过"投感情"活动促进学生体会积极情感投入对学习绩效的重要性，增强学习动机，提升学习效率。

二、活动准备

1.依据场地条件和班级人数分组，每组6~8人，确定组长。桌椅呈马蹄形摆放，中间留出活动空间。

2.请各科任教老师概括本学科学习方法要点，打印出来，或者书写成卡片。

3.准备N个（N=小组数）红色礼物袋，内置可以人手一份的励志书签（每小组不同）和有科任老师签名的学习秘籍；书签规格3cm×8cm，由班主任和科任教师提前在上面书写励志格言或寄语。

4.制作多媒体课件，每组1套12色水彩笔，1张4开（或者A3）白纸。

三、活动过程

圖 活动1：抢红包

【辅导要点】

通过抢答游戏，以自由头脑风暴的方式讨论分析高中学习与初中的不同，从学习特点、学习难度及学习方法等角度思考，互相启发。

【活动时间】

10分钟。

（建议指导语：同学们，我这里有几个红包要送给大家，我看到大家开心的表情了！没错，这就是送给你们的！只是里面的礼物不太一样，究竟是什么？一会儿先做一个游戏，获胜小组有选红包优先权。）

【活动内容】

（1）小组先用3分钟商量抢答攻略，教师吹哨声响起即开始抢答。

（2）开始后，每组每次派一名同学站起来抢答：说出一个学习方面高中和初中的不同之处，请两名同学在黑板上记录答案。

（3）同一组不能连续答，至少间隔一次。

（4）答一次记一分，重复答案不计分，请一名同学担任记分员。

（5）以教师吹哨声再次响起为结束。

（6）统计积分，下课发放红包。

游戏积分高的小组下课时优先选择红包，依次类推，积分最低的小组就拿最后剩下的红包。

📋 活动 2：找 方 法

【辅导要点】

根据"活动1"中呈现的内容，概括高中的学习活动中常见的问题，合作互助寻找适宜的应对方法。

【活动时间】

15分钟。

（建议指导语：正如刚刚大家说的，高中的学习和初中有太多不一样，无论是科目的增多还是难度的加大，抑或时间的紧张，各种问题扑面而来。那我们该如何来迎接这些不同，高效完成学习任务呢？一个人的力量是有限的，遇到问题，我们要学会寻求更多的帮助。）

【活动内容】

（1）分组讨论、交流面对学习的变化，学习方法策略要有哪些调整？

（2）每组发放一张4开（或A3）白纸，使用彩色笔，以思维导图或是列表的方式把问题及应对策略写在白纸上。

（3）小组内同学互助完成，最后签上小组成员名字。

（4）时间10分钟，结束后请每组派代表全班分享。

（5）教师总结。

总结概括一致的意见，可以结合自己任教学科举例说明。

（建议指导语：刚刚大家分享得很棒！每个小组都为我们贡献出了不同的高效学习的方法。老师也为大家支几招！）

📋 活动 3：投 感 情

【辅导要点】

通过表演与喜欢的学科、不喜欢的学科的互动方式，引导学生体验不同情感状态对于学科学习的影响，启发学生调整心态和动机，把学习转化为更自觉、自然的行动。

【活动时间】

10分钟。

（建议指导语：发现问题，思考方法，调整策略，都是保障大家完成学习任务的关键。除了这些我们能够直接看到和发现的角度外，还有一个神秘的条件会直接影响学习的效果。它到底是什么呢？我们来做一个体验游戏。）

【活动内容】

（1）教师邀请一位同学A回答：最喜欢和最不喜欢的学科。

（2）回答问题的同学再邀请两位同学上前与自己做表演。

（3）两位同学分别扮演喜欢的科目B、不喜欢的科目C。

（4）请B、C保持一定间隔，站在A同学对面。

（5）同学A对B做出握手、拥抱、邀请等姿态表达喜爱；同学A对C做出逃避、讨厌、指责的姿态表达不喜欢。

（6）两位扮演学科的同学可以根据A的表现给予自己认为合适的回应。

（7）表演者分享感受。

（8）教师总结。

【引导要点】

积极情感状态不但有利于人际关系，在其他活动中一样很重要。积极的情感投入对于学习而言，是提升效率的先决条件。

📋 活动4：冥想练习与结束延伸

【活动时间】

10分钟。

（建议指导语：在心理学研究中，大家在学习过程中的一种持续的、充满积极情感的状态被称为"学习投入"。有研究表明：学习投入增加，可以减轻学习倦怠，更好地适应学习环境。接下来，我们就在音乐声中，尝试增加对学习的积极情感投入。）

【活动内容】

（1）请全班手拉手站成一个圆圈，把你左右手的同学分别想象成喜欢的学科和不喜欢的学科。

（2）闭上眼，告诉自己要以喜爱和尊重的感情和行为与学科互动。他们是助力你成长的伙伴，不是敌人，你们会有良性的互动。

（3）冥想结束，发放红包。

（建议指导语：大家都看到红包里的礼物了，这是老师给你们的秘籍，好好珍藏！只要用心，一定收获！）

（4）把各小组写有学习方法的作品贴在班级宣传栏，大家可以交流学习。

四、活动素材库

1. 设计背景

高中阶段的学习任务与初中有很大差异，知识量大，理论性、综合性强，系统性高，对个体的一般能力和心理素质要求都急剧增加。在高中阶段的学习适应性方面，个体差异极为显著。在实际工作经验和理论研究中均发现，科学的方法和有效的策略，是顺利完成高中学业必备的条件。

高一年级是为整个高中阶段奠定学习及心态基础的关键时期，对于学习的适应也在不同程度影响着学生的心理健康水平。因此在学生入校一段时间，经过几次考试之后，安排有关学习策略的活动课程非常必要。本课旨在为学生提供关于学习状态的分析和体验机会，促进其对自身学习状态的理性思考，激励不断进取的学习精神。

2. 理论支持

（1）高中学习的特点。

①知识量大。

就学科门类而言，高中和初中差不多，但是高中的知识量远比初中大。每一门学科都涉及多个分支，如数学包括代数、三角、立体几何、解析几何；物理要学习力学、电学、光学、热学和核物理等部分，初中力学的知识点约有60个，而高中力学的知识点增加到约90个；此外还要开设一些发展个性特长的拓宽知识面的选修课和各类课外活动。

②理论性强。

初中教材一般只要求初步了解，做定性研究，强调直观形象；而高中教材则要求深入理解，做定量研究，要求透过现象看本质。教材的抽象性和概括性大大加强，很多知识都是经过不断"提纯"或"浓缩"而成，抽象程度与概括水平要比初中高得多，有的学生认为枯燥，难懂。高中学习对理解要求很高，不动脑子，就很难掌握基本概念的实质和知识间的内在联系与区别，想不通过分析理解去记忆或运用知识是行不通的。

③综合性强。

到了高中，前后知识要求系统掌握，融会贯通。要解决一个问题，往往需要综合运用知识。比如要分析和计算物理题，常常要具备数学的函数、解方程及各种运算的知识和技能。数学的代数、平面几何、三角、立体几何和解析几何等分科知识之间常常互相渗透，相互联系，某一部分或一科未学好，就会影响这一学科或涉及其他科的学习，其中又以语文和数学对各科的影响最大。

④系统性强。

高中学习是初中学习的继续和深入，不像初中阶段，物理、化学、生物等课程是新开设的，与小学知识无直接联系，虽然小学也学自然，但只是常识性的，对初中学习不会造成不可逾越的困难，而初中知识没学扎实，对高中学习水平有明显影响。

高中教材由于理论性增强，常常以某些理论为纲，根据一定的逻辑，把基本概念、基本原理、基本方法联结起来，构成一个比较完整的知识体系。掌握前面的知识是为后面的知识铺垫，后面的知识又是前面知识的深化，前后知识的内在联系是教材系统性的一个表现。知识之间不仅前后关联，而且平行知识也有相同、相似、相反等各种关联。这样有关知识就组成一个知识网络，而且在这个网络中会有一个基本理论作为纲，使知识完整化，形成系统的知识结构。

⑤能力要求高。

高中老师的教法与初中有所不同，对学生的学习更加放手。学习中的不少环节：预习、笔记、课后复习、作业、小结等，几乎全要自己独立完成，老师对学生的检查不再像初中那样严格，指导不再那样具体，更多采用启发和引导，要求学生阅读、思考，通过自己的实践来探索学习中的问题。因此要真正适应高中阶段的学习，要求具有全面的能力：观察、阅读、记忆、想象、操作和表达等。

（2）高一学生的学习适应。

有研究认为高一新生面临三个方面的适应问题：一是学习适应，二是人际交往适应，三是挫折适应。李晖、张静指出，高中生在入学初期、学习中期和考前冲刺期等不同阶段会产生不同的心理困惑和心理障碍，要根据各阶段的特点分析和找出其原因并建立相应调适对策。汤万杰、王钢、张大均采用《教师期望量表》《教养方式量表》《社会支持量表》及《中学生心理素质量表》中学习适应、生活适应、人际适应分量表对高中生进行测定，结果显示高中生学习适应得分明显低于生活适应和人际适应得分，针对高一学生出现的学习适应问题，开展必要的学习策略指导尤为重要。

（3）关于学习策略。

学习策略的研究可以追溯到布鲁纳等人对人工智能概念学习的研究，但关于学习策略的定义，目前学术界没有统一的界定。本节课依据的学习策略的定义是：学习策略是指学习活动中有效学习的程序、规则、方法、技巧及调控方式。国内外研究者对学习策略的应用进行了大量研究，有学者考察了小学、初中、高中学生在学习策略运用方面的个体差异。结果发现，学优生比普通学生会更频繁地使用某些学习策略。

影响学习策略获得的部分基本理论：

①自我效能感理论。

自我效能感是美国心理学家班杜拉提出的，是指"人们对自己是否能够成功地进行某一成就行为的主观判断"。班杜拉认为，行为出现的原因不是随后的强化，而是人在认知到行为与强化之间的相倚关系之后产生的对下一步强化的期待。

班杜拉把期待分为两种期待：一种是结果期待，即人对自己的某一行为会导致某一结果强化的推测，如学生感到上课注意听讲能获得好成绩，就会认真听讲；另一种是效能期待，即人对自己能够进行某一行为的实施能力的推测或判断，如学生不仅知道注意听讲可以带来理想的学习成绩，而且还感到自己有能力消化教师所教授的内容时，才会认真听讲。

班杜拉的研究表明，自我效能感具有以下功能影响学习活动的选择以及进行学习活动的坚持性：自我效能感高的学生会选择富有挑战性的任务，在困难面前能坚持自己的行为，而自我效能感低的学生则相反影响对困难任务的态度；自我效能感高的学生敢于面对困难，拥有高昂的斗志，相信通过坚持不懈的努力可以克服困难，而自我效能感低的学生在困难面前则害怕、退缩，不敢尝试，轻易放弃；自我效能感影响学习活动的情绪，自我效能感高的学生热情开朗，富有自信心，而自我效能感低的学生则充满恐惧和焦虑。

②动机强化理论。

行为主义认为，动机是由内外部刺激引起的一种对行为的冲动力量。强化是引起因素。

人的某种行为倾向取决于先前的学习行为与刺激，因强化而建立的牢固联系，强化可以使人在学习过程中增强某种反应重复的可能性，任何学习行为都是为了得到某种补偿。所以，在他们看来，正强化会提高个体的行为，如教师的表扬、家长的嘉奖会促使学生更加努力去学习；负强化则会消弱个体的行为，如遭到老师、家长的处罚，同学、朋友的取笑等会促使学生产生逃避学习的动机。

（4）关于学习投入。

从学习的心理活动分析，学习投入是一种与学习相关、持久的、积极的情感和认知的心理状态，活力、奉献和专注是它的核心维度。其中，活力是学生愿意为学习付出努力，不易疲倦，面对困难时具有容忍力和坚持性，表现出持久的学习精力与韧性。奉献是个体充满强烈的学习热情、对学习意义的肯定使他对学习强烈地卷入。专注则是全身心投入学习中的愉悦的状态，这种愉悦体验具有依赖性，使学生不愿从学习中脱离出来。

学习投入的基本理论：

①杜威的"做中学"。

美国实用主义教育家杜威主张学生是学习过程的主动参与者，采用一切以学生为中心的教学，教师作为学生学习的协助者，为学生提供促进其主动学习的条件。在"做中学"的过程中，学生需要思考、假设和验证要解决的问题。只有学生通过尝试性解决问题而进行学习，他才会真正学到知识。"做中学"思想强调通过活动培养解决实际问题的能力，同时强调学习具有创造性和反思性，它关注反思性的思维探究过程，注重学习过程的体验，即思维的过程。

②投入学习理论。

投入学习理论是美国凯斯利和施耐德曼根据多年的远程教育实践提出的一种学习理论，它的前提是学习者必须全身心投入学习中去才能产生有效的学习，它的基本理念是在非传统教学环境创建成功的协作团队，使之基于一定的任务进行有意义的学习。学习投入包括学生学习行为的主动参与、认知思维的投入，这与杜威的"做中学"理论的学生主体性、学习反思性思想一致。

3. 可替代活动

（1）策略金典（可以替代活动2）。

可以将"活动1"中发现的问题总结归纳成以下角度：

①高中学习的时间分配；

②复习方法；

③预习方法；

④听课方法；

⑤提高学习效率的方法；

⑥如何增强学习动机。

小组分工完成策略采集和分享。

（2）主题报告会：学习方法大家谈（可以代替活动2）。

可以分学科，请每科学习效果较好的同学做学习相应学科的心得报告。

（3）"抢红包"中的书签也可由高年级学生完成。

科任老师的学习秘籍可以换成高年级的学姐学长来写。

情绪的力量

情绪调节

PSYCHOLOGICAL

DEVELOPMENT

LEARNING

一、活动目标

1.通过"神奇实验室"介绍情绪效应实验，引导学生深入思考情绪与身体健康的密切关系。

2.通过"快乐处方"活动，讨论分析如何借由积极情绪的力量，促进个体身心健康。

二、活动准备

1.按照场地条件和学生人数分组，每组6~8人，确定组长。桌椅呈马蹄形摆放，中间留出活动空间。

2.情绪盒子1个，内装情绪纸条若干（开心、愤怒、伤心、害怕、吃惊和紧张等，也可以准备更复杂的情绪词汇，如乐不可支、心花怒放、怒发冲冠、喜极而泣等；以进行3轮为基准，共需要情绪词汇20个以上；情绪词汇中表达积极情绪和表达消极情绪的词汇比例相当）。

3.印制活动记录单（见活动素材库）。

三、活动过程

📋 活动1：表情包达人秀

【辅导要点】

热身活动，调动学生积极性，为学生营造欢乐愉悦的活动氛围，引出情绪主题，呈现轻松有序、积极合作的课堂公约。

【活动时间】

10分钟。

（建议指导语：今天我们来开个"秀场"，叫作"表情包达人秀"，看看咱们班的"表情包达人"会是谁。）

【活动内容】

（1）每组选出一位"表情包达人"参与活动。

（2）各组参加活动的同学依次从情绪盒子里抽取题目，"秀"出相应情绪词汇的表情包，让同组同学猜，可以提示，但是不得暴露题目中的字，暴露则算失败。每轮每组仅有两次猜测的机会。猜对得1分。

（3）请一名同学记分，一名同学监督，选出本班"表情包达人"，颁发小礼物。

（4）采访参与表演的同学：表演积极和消极情绪词汇时自己有什么感受？

【引导要点】

（1）情绪是多样的。

（2）情绪与健康有着密切的关联。

📖 活动 2：神奇实验室

【辅导要点】

介绍情绪效应实验，结合实验材料分析情绪与健康的关系。

【活动时间】

10分钟。

（建议指导语：情绪到底会对健康产生怎样的影响呢？接下来我们来探讨情绪的力量。）

【活动内容】

（1）呈现情绪实验。

美国生理学家爱尔马教授做过这样的实验，探索不同的情绪对健康的影响。他把人在不同情绪状态（悲痛、悔恨、生气、心平气和等）下，呼出的"气水"（人呼出的气体含有一定比例的水分）分别进行技术性收集采样。然后，将这些汽水混合物依次放入实验基样中，进行技术性处理，结果表明：人们在心平气和时呼出的"气水"无杂色，清澈透明；悲痛时呈白色；悔恨时呈乳白色，生气时呼出的"生气水"呈紫色。接着，爱尔马教授又把生气时呼出的气水混合物注射在实验用大白鼠的体内，几分钟之后，大白鼠死掉。

通过以上的对比实验，爱尔玛教授经过分析计算得出结论：人生气时会耗费大量人体精力（生物能量），他甚至认为人生气10分钟耗费掉的精力不亚于参加一次3000米赛跑；生气时人体生理反应十分剧烈，体内各种生物分泌物比其他任何情绪下所产生的分泌物都复杂、多样，且更具有一定程度的生物毒性。

（2）小组讨论与分享。

①"情绪效应"实验对我们有哪些启发？

②情绪与健康的关系是怎样的，列举你所知道的情绪与健康的生活事例进行说明。

（3）讨论时间5分钟。

（4）小组代表发言，分享对情绪力量的理解。

（5）教师总结。

【引导要点】

（1）积极情绪利于身体健康，消极情绪伤害身体健康。

（2）消极情绪的影响：妨碍个体正常的心理功能、导致社会功能的下降、产生某种身心疾病、诱发精神障碍等。

（3）消极情绪容易影响到群体环境，诱发群体消极情绪凝聚；积极情绪也会产生强大的群体凝聚，提高人们的活动效率。

活动 3：快乐处方

【辅导要点】

通过讨论与分享，探讨如何发挥情绪的积极作用，以促进健康的方法和途径。

【活动时间】

15分钟。

（建议指导语：有句话叫"坏情绪致命，好情绪疗伤"，我们可以找到一些快乐处方让自己感受更多的积极情绪，通过积极情绪来促进身心健康。）

【活动内容】

（1）讨论与分享。

①产生消极情绪体验时，我们该如何应对？

②如何才能让自己获得更多的积极情绪体验，收集快乐处方。

（2）组长总结发言。

（3）教师总结。

【引导要点】

（1）承认情绪，适度表达。

承认情绪是人本身的一部分，表达自己的情绪是合理而正常的。

（2）主动体验情绪。

体验积极情绪，如听音乐、散步、运动、谈话等。

（3）学会表达情绪。

学会倾诉（与信任的人分享或写日记）、学会求助。

（4）拥有一颗助人之心。

己所不欲，勿施于人，用积极热情的态度对待身边的人，创造一个良好的生活氛围。

（5）勇敢地面对消极情绪。

（6）正确对待所遇到的问题。

态度决定一切，改变观念最重要。

📖 活动 4：总结与延伸

【活动时间】

5分钟。

【活动内容】

（1）自由发言，谈谈对本节课讨论内容的感受。

（建议指导语：有一首小诗："你要是心情愉快，健康就会常在；你要是心境开朗，眼前就是一片明亮；你要是经常知足，就会感到幸福；你要是不计较名利，就会感到一切如意。"对于这首小诗，你有什么感受？）

（2）根据课堂生成的内容，查阅增补资料，制作一期关于积极情绪与身心健康的主题板报。

四、活动素材库

1. 设计背景

情绪是个体对客观事物是否符合自己的意愿的态度体验，是主观对客观的一种感受。高中生处于青春期后半阶段，情绪体验对于行为反应仍然有很大影响，且表现强烈，易于变化，他们常常为一点小事而兴奋，为一个眼神而困惑，为一句话而生气，情绪反应直接影响他们的生活状况。由于高中生的认知水平与知识经验尚有一定的局限性，难以正确看待或者认真思考自身的情绪与健康成长的必然关联，易被情绪左右，影响其身心健康发展。

本节课主要从情绪与健康的关系出发，帮助学生理解消极情绪的危害以及对健康的影响，意识到情绪的巨大力量，引导高中生更深入地了解情绪、认识情绪，鼓励主动寻求和感受积极乐观的情绪体验，为自身的健康成长打下良好的基础。

2. 理论支持

（1）情绪与健康。

人的情绪对健康影响极大。愉快喜悦的心情会给人以正面的刺激，有益于健康；而苦恼消极的情绪会给人以负面影响，诱发各种疾病，使原有的病情加重。现代医学认为，良好的情绪可使机体生理机能处于最佳状态，使免疫抗病系统发挥最大效应，抵抗疾病的袭击。许多医学家认为，躯体本身就是良医，85%的疾病可以自我控制。因此，有的心理学家把情绪称为"生命的指挥棒""健康的寒暑表"。

过度的消极情绪，长期不愉快、恐惧、失望，会抑制胃肠运动，从而影响消化机能。情绪消极、低落或过于紧张的人，往往容易患各种疾病。因此，只有保持乐观的情绪，才有利于身体健康。

（2）情绪的功能表现在以下几个方面。

①情绪影响认知发展。

情绪与认知相互制约，情绪影响认知的种类和进程，认知参与情绪的产生。情绪对认知的影响较大，具体表现在：情绪影响个体的感知，如学生对课堂上的学习内容掌握的程度，与情绪状态有关；情绪影响记忆效果，积极的情绪有助于集中注意力，提高感知水平，记忆效果好，反之则记忆不牢；情绪影响思维的灵活性和敏捷性，思维的方向选择也受情绪的支配；良好的情绪状态是激发想象力和创造力的重要条件。

②情绪影响学习效率。

情绪影响认知过程，也就会影响学习效率。心理学家的研究告诉我们，学习内容越难，学习效果越容易受到较为强烈的情绪状态的干扰，而简单的学习内容，由于不容易引起学习者的重视，所以需要相对强一些、激动的情绪状态。

③情绪影响身心健康水平。

持久消极的情绪状态和过强的情绪体验，都会对人的身体和心理健康产生不良影响。中医理论当中的"怒伤肝、思伤脾、喜伤心、恐伤肾"的说法，告诉我们情绪与身体健康之间的关联，而且良好的情绪还是疾病康复的一剂良药。消极的情绪会引发多种心理障碍和心理疾病，特别是气愤和懊恼，是引发心身疾病的主要原因。

④情绪影响青少年个性的发展。

人的全部活动和行为方式都会受到情绪的影响，而情绪本身的表现和稳定性、控制性，也构成了性格中的情绪特征。稳定、持久、愉快等良好的情绪特征，能够帮助青少年形成稳重、可靠、乐观、活泼等好的个性特征；相反则容易形成多疑、忧郁、孤僻、易怒等不良的个性特征。良好的情绪状态，有助于青少年个性全面均衡地发展。

⑤情绪状态影响人际交往。

积极的、稳定的情绪是发展良好人际关系的重要条件。正如我国著名医学心理学家丁瓒所说："人类的心理适应，主要就是人际关系的适应。在人际交往当中，人不但依靠语言传递信息，情绪的外部表现也是很重要的人际手段。"

（3）对消极情绪的自我调控，需要掌握一定的知识和技术。在情绪辅导过程中，要指导学生注意以下几个方面。

①认真进行自我分析，承认不良情绪存在的事实。

对于某些消极情绪，将其适当表达出来是正常现象，不要"不认账"。花费许多精力掩饰、否认、压制，做无畏的挣扎很没有必要，产生消极情绪也不是什么可耻的事情，要勇敢面对，否则还有可能引发更为严重的异常情绪。

②对情绪做积极的宣泄。

宣泄是克服不良情绪的有效方式，但是必须选择积极的、建设性的途径。所谓"建设性"指的是不会给自身、他人或其他方面造成消极影响和破坏性后果。比如选择适当的对象述说自己的苦恼，对方可以是心理辅导员、信任的成年人或朋友；可以将思绪流于笔端，写出自己的悲伤、愤慨或是烦恼；也可以找一个适当的场合大声唱歌、大哭大叫一场；或是参加适宜的体育运动。以上种种都是宣泄不良情绪的有效方法。

③进行积极的心理调节。

消极情绪的自我心理调节有许多简单易行的办法，可以建议学生酌情采纳。如自我激励、转移注意、心理补偿、合理化，等等。

④充实自己的生活。

精神空虚或无所事事的人容易产生不良情绪，很多情绪不良的学生就是因为想得多、做得少。无论是学习、生活还是工作，人们都需要有明确的目标，来激励自己不断向前努力。为了实现目标，就要有计划地实施具体活动，虽然辛苦，却容易感到充实和快乐。所以将自己的生活安排得丰富多彩、紧凑有序，有利于避免消极情绪的产生。

⑤提高现实感。

现实感强的人不容易被过去的挫折和失败所左右，陷入消极情绪，也不容易过分地考虑将来的艰难困苦，预支烦恼和不安。所以教师要提醒学生，重视现在的生活和学习，尽自己的努力做好现在该做的事，过去的已然过去，将来还是未知数，没有必要过多考虑。

青少年比较容易受到外界的影响，教师帮助其营造良好的学习环境，并及时地给予辅导、鼓励与支持，再加上学生个人的努力，不良情绪就可以得到有效的调节和控制。

3. 可替代活动
快乐时刻（可替代活动3）。

【辅导要点】
通过对快乐时刻的检索，发现获得积极情绪的途径。

【活动内容】
（1）美国心理学家曾以"你的快乐时刻"为主题在青年人中进行调查，很集中的看法有以下内容。

在一条漂亮的路上骑车

听收音机里播放自己喜欢的歌

躺在床上静听窗外的雨声

发现自己想买的东西在降价

被邀请参加有趣的活动

运动后舒服地洗澡

一次愉快的谈话

有人体贴地为你盖上被子

沙滩上晒太阳

去年穿过的衣服兜里发现钱

细雨中奔跑

开了一个幽默的玩笑

和老友偶然相遇

无意中听到赞美

醒来时发现时间还早

为他人选购礼物

吃到美味佳肴

帮助别人后看到感激的微笑

（2）请勾选出你认同的项目，并添加自己的新看法吧！

我的快乐时刻：

_____

_____

_____

_____

_____

_____

（3）小组讨论，全班分享：如何才能拥有好情绪。

4. 活动记录单

神奇实验室

议题1：

_____

_____

_____

议题2：

_____

_____

_____

快乐处方

议题1：

_____

_____

_____

议题2：

_____

_____

_____

走进自我空间

自我认识

PSYCHOLOGICAL

DEVELOPMENT

LEARNING

一、活动目的

1.通过"写给'我'的话"主题活动，引导学生了解自我认识的角度，同时增进同伴间的相互了解。

2.通过"同伴对'我'说"活动，引导学生从他人的角度认识自我，更加全面、客观地看待自我。

3.通过"青春初纪念"活动，增强学生自我完善的动机，积极度过高中生活。

二、活动准备

1.依据场地和班级人数划分小组，6~8人一组，确定组长。

2.打印活动记录单（见活动素材库）。

三、活动过程

📋 活动1：唱给"我"的歌

【活动时间】

5分钟。

【辅导要点】

热身活动，激发学生探究自我的兴趣，引出本课主题。

（建议指导语：同学们，升入高中以来，很多同学从陌生到熟悉，有的还成为好朋友，有的同学可能对其他同学还不十分了解，今天这节课我们就一起来更加深入地认识自己，了解彼此。）

【活动内容】

（1）每个小组派一名选手参加"我歌争霸"比赛活动，其他组员可以提醒。

（2）每位选手依次唱含有"我"字的歌，超过10秒钟未唱出将被淘汰。

（3）游戏时间5分钟。

（4）教师总结。

（建议指导语：通过刚才的游戏我们发现含有"我"字的歌曲很多，"我"是我们每天使用频率较高的一个字。那么，你们了解"我"吗？今天这节课我们就来走进自我空间。）

📋 活动2：写给"我"的话

【辅导要点】

帮助学生了解自我认识的生理、社会和心理自我三个方面，并通过收集和填写自己的特征，引导学生从各个角度探索自我，对自己形成更为清晰的认识。

【活动时间】

20分钟。

（建议指导语：认识自我并不是一件容易的事情，发现真正的自我也是一个需要勇敢精神的探险旅程，让我们一起出发。）

【活动内容】

（1）给出案例。

①当我们说到美国第一位黑人总统，我们会想到谁？（奥巴马）

②当我们提到身高2.26米的中国篮球运动员，我们会想到谁？（姚明）

③当我们说到能唱歌、能演戏，还会开赛车的台湾艺人，我们会想到谁？（林志颖）

（2）自由讨论：我们是通过哪个方面的特点识别刚才这三个人的呢？（肤色、身份、身高、国籍、能力等）

【引导要点】

自我认识的三个层面：

①性别、容貌、身材等——生理自我。

②社会角色、社会地位等——社会自我。

③能力、性格、兴趣、气质等——心理自我。

（建议指导语：刚才我们总结出认识自我的三个方面，下面给大家8分钟的时间，请你依照刚才讨论的这些角度，在活动记录单上"写给'我'的话"栏目里至少写出15个"我是一个什么样的人"。要求尽量选择一些能反映个人风格的语句，避免出现太多过于简单的句子，如"我是一个男生"。一会儿我们来看一看哪位同学写得最为全面具体。）

（3）我是谁：从生理自我、心理自我、社会自我三个方面，写出15个"我是_____的人"。

（4）小组分享：请大家首先在小组内和其他同学分享自己的3~5个较为突出的特点，并从中选出一个自己最为突出的特点。

（5）课堂分享：小组要选出一名同学向全班同学依次介绍小组的每一位成员及其突出特征。

（6）教师总结。

（建议指导语：正如课前所提及的，有些同学彼此之间还不是很了解，今天是一个非常好的相互交流的机会，感谢同学们真诚的自我表达。）

📖 活动 3：同伴对"我"说

【辅导要点】

介绍"乔哈里窗"的理论知识，引导学生思考了解自己的另一个重要途径，即通过别人了解自己。

【活动时间】

15分钟。

（建议指导语：通过刚才的活动，我们不仅更全面地认识了自己，也对身边的同学有了更多的了解，其实认识自己除了通过自我观察以外，还可以通过什么呢？给你介绍一扇窗："乔哈里窗"。）

【活动内容】

（1）介绍"乔哈里窗"理论。

最初是由乔瑟夫（Joseph）和哈里（Harry）在20世纪50年代提出的。他们根据自己已知和未知、别人已知和未知两个维度，将自我认识分为公开区、盲目区、隐秘区和未知区。

（建议指导语：无论是课上的表现还是课下的生活，我们对于身边的同学都会有一个基本的认识，下面我们就请大家描述一下你对小组内的每一位同学的认识。）

（2）把自己的活动记录单传给右边的同学，请你在他（她）的活动记录单上的"同伴对我说"栏目中，写出你认为他（她）的最突出的特点是什么，请使用中性或者正向表达。

（3）完成后再传递给右边的同学继续下去，直到拿到自己的活动记录单为止。

（建议指导语：在填写的过程中，希望大家能够认真对待，尊重身边的同学，用你希望别人对待你的方式对待别人。注意：教师要到每一组巡视，提醒去掉可能会对同学造成伤害的评价。）

（4）个人思考：给大家1分钟的时间静静思考，整理并感受一下同伴对你的评价。

（5）小组分享：在伙伴的评价中你对自己有了哪些新的发现？你怎样看待大家对你的评价？

（6）每组选出一名代表在班内进行交流分享。

📖 活动 4：青春初纪念

【辅导要点】

结合本课所讨论的内容，展望高中生活，为自己的成长制定方向和目标。

【活动时间】

5分钟。

（建议指导语：在今天的活动中，我们分析并了解了自我认识的层面和途径，客观全面地认识自己需要不断采集信息，年轻的你们还有很多改变的可能，所以了解自己也是为了塑造更好的自己。）

【活动内容】

写下自己在高中时期最希望改变的一点，并珍藏活动记录单。

（建议指导语：今天所写下的自己只能代表我们此时此刻的状态。每一年、每一天，甚至每一秒我们都在发生变化，现在大家站在高中的全新起点，对于高中时的自己，你希望的改变从此刻已经开始，希望大家好好珍藏，毕业后，我们再来看一看自己究竟收获了多少成长。）

四、活动素材库

1. 设计背景

"以前上初三时虽然很累，但是心里目标明确，每天都有动力；升入高中后，没有一个明确的目标，高考又很遥远，不知道自己努力的价值在哪儿。""老师总说要扬长避短，可是我觉得自己没什么特长。""我和同学没有共同话题，我的世界他们不明白。"……目标缺失、缺乏自信或盲目自大、自我封闭等，这些是高一学生常会遇到的心理困惑，而问题的核心都与学生自我认识不全面、不清晰密不可分。

本节课主要帮助高一的学生从生理自我、社会自我、心理自我三个方面，通过自我和他人两种途径全面而理性地认识自我，为学生顺利完成高中学习任务、建立良好人际关系、明确人生理想目标奠定基础，以更加积极的心态面对未来生活。

2. 理论支持

（1）青少年的自我意识。

青少年期是儿童走向成人的重要过渡时期。在这一时期，个体要经历生理、社会、心理三个方面的重要变化。这些巨大和激烈的变化是个体在儿童时期所未曾经历的，青少年必须重新整合过去的经验，认识到自己发展的连续性，才不会对自己的变化不知所措。

青少年经常会迷惘于我是谁、我要做什么，以及将来会怎样之类的问题，并努力寻求这些问题的答案。因此青少年期也被称为"自我的第二次诞生"或"自我的发现"期。

（2）埃里克森的"自我同一性"理论。

美国著名发展心理学家爱利克·埃里克森（Erik H Erikson）把个体的自我意识的形成与发展成长划分为八个相互联系的阶段。其中他将青少年期视为"同一性与同一性混乱"时期，认为建立自我同一性是青少年期的中心发展任务。

自我同一性是埃里克森人格发展的同一性渐成理论中的核心概念，作为一种重要的心理社会现象，它是个体的生物、心理和社会三方面因素的统一体。埃里克森首先从主观方面来界定自我同一性，认为它是"一种熟悉自身的感觉，一种知道个人未来生活目标的感觉，一种从他信赖的人们中获得所期待的认可的内在自信"。

自我同一性也是"一个人对他人认可的内在一致性和连续性方面的内在自信"。即个体的跨时空的内在的一致感和连续感。自我同一性问题关系到青少年发展的各个方面，对青少年的健康成长、完善人格的形成、良好的社会适应，以及自身价值的实现等都有重要影响。

（3）青少年的自我认识体验与问题。

有学者指出，青少年的自我认识发展规律和问题可从以下几个角度分析：

首先，青少年感到自己是一个独特的个体，虽然可能和别人共同完成任务，但是他是可以和别人分离的。其次，自我本身是统一的。自我有一种发展的连续感和相同感，现在的我是由童年的我发展而来的，将来我还会发展，但是我还是我。最后，自我设想的"我"和自己体察的社会人眼中的"我"是一致的。相信自己的目标以及为达到这个目标所采取的手段是能被社会承认的。

青少年对自身的关注变得敏感，诸如"我是谁""我想成为什么样的人"等问题几乎引起每个青少年的思索。青少年必须仔细思考全部积累起来的有关他们自己及社会的知识去回答它，并借此作出种种尝试性的选择，最后致力于某一生活策略。一旦他这样做了，也就获得了一种同一性，长成大人了。获得了同一性，标志着这个发展阶段取得了满意的结局。

如果年轻人不能达到自我同一性的确立，就有可能引起同一性扩散或消极同一性发展。个体在自我同一性确立的过程中，如果难以忍受这一过程中的孤独状态，或者让别人去把握自己的决定，或服从别人的意见，或回避矛盾，拖延决定，就会不能正确选择适应社会环境的生活角色。这类个体无法"发现自己"，也不知道自己究竟是什么样的人和想要成为什么样的人，他们没有形成清晰和牢固的自我同一性。消极同一性是指个体形成与社会要求相背离的同一性，形成了社会不予承认的，反社会的或社会不能接纳的角色。

（4）乔哈里资讯窗。

20世纪50年代，美国心理学者约瑟夫·勒夫特（Joseph Luft）和哈里·英格拉姆（Harry Ingram）在研究组织动力学时，提出了乔哈里资讯窗的概念。乔哈里资讯窗又被称作"自我意识的发现——反馈模型"或是"信息交流过程管理工具"，是一种有关沟通的技巧和理论。乔哈里资讯窗将人的内心世界比作一个窗子，并据据自知和他知两个维度将这个窗子划分为四个区域：公开区、盲目区、隐藏区和未知区。

	自己知道	自己不知道
他人知道	公开区	盲目区
他人不知道	隐藏区	未知区

这一理论启示我们在认识自我的过程中要通过"自我反省"和"他人评价"两种途径进行。在自我探索中，要重视与自己关系亲密的人（如父母、老师、同学朋友等）对自己的评价。既要重视与自己观点一致的评价，更要重视与自己观点不一致的评价，才能激发对自我的深入思考，促进自我成长。

3. 替代活动

（1）寻找身边的我（可替代活动1）。

【辅导要点】

热身活动，引导学生开放自我，增进彼此间的了解。

【活动内容】

①一位同学起立说出自己的一个特点或爱好，如：我是一个旅游时热衷于当地美食的人，其他有相同特点或爱好的同学起立来表示对他的支持。

②这位同学从中选择一位继续下去这个游戏，游戏共进行4~5轮。

③在此过程中要求学生观察并思考两个问题：哪位同学的哪一次起立或没起立让你感到意外；哪位同学和你同时起立的次数最多。

（2）打开心窗（可替代活动4）。

【辅导要点】

整合自己的认识和伙伴的看法，体验自己的每扇窗户的内容的完整度和平衡性，更加深入体会自我开放程度与自我观察的重要意义。

【活动内容】

将活动2和活动3得到的信息整理进乔哈里窗，着重分析盲目区和隐藏区，促进自我表达和自我觉察。

4. 活动记录单

写给"我"的话

	1			9	
	2			10	
	3			11	
我是一个	4	的人	我是一个	12	的人
	5			13	
	6			14	
	7			15	
	8			16	

在		心目中	你是一个		的人

青春初纪念

在高中时期我最希望改变的：

_____

_____

第 7 堂

时间都去哪儿了

生活适应

PSYCHOLOGICAL
DEVELOPMENT
LEARNING

一、活动目的

1.通过伏尔泰的谜语引出主题，引导学生对时间意义进行深入思考。

2.通过"生活圆饼图"活动帮助学生明晰自己的时间分配情况，启发学生对自我时间管理能力的反思。

3.通过"神奇的杯子"活动介绍时间管理的相关知识，增强学生自我管理的意识。

二、活动准备

1.可依据场地和人数划分小组，每组6~8人，确定组长。

2.准备笔、尺子和彩色笔若干。

3.透明杯、大小石头、沙子、盐、水。

4.印制活动记录单（见活动素材库）。

三、活动过程

📋 活动1：猜 猜 看

【辅导要点】

以猜谜语的形式进行热身，引出主题，并对谜面进行分析，引导学生对时间的重要性进行深入思考。

【活动时间】

5分钟。

（建议指导语：今天我们要讨论的内容与一则谜语有关，先来猜一下，看看谁猜谜语的能力最强。）

【活动内容】

（1）法国哲人伏尔泰的谜语："世界上哪样东西最长又是最短的，最快又是最慢的，最能分割又是最广大的，最不受重视又是最值得惋惜的；没有它，什么事情都做不成；它使一切渺小的东西归于消灭，使一切伟大的东西生命不绝。"

猜一猜这是什么？为什么是这个谜底呢？（引出主题）

（2）有一名叫查第格的智者猜中了。他解释说："最长的莫过于时间，因为它永远无穷无尽；最短的也莫过于时间，因为它使许多人的计划都来不及完成；对于在等待的人，时间最慢；对于在作乐的人，时间最快；它可以无穷无尽地扩展，也可以无限地分割；当时谁都不加重视，过后谁都表示惋惜；没有时间，什么事情都做不成；时间可以将一切不值得后世纪念的人和事从人们的心中抠去，时间能让所有不平凡的人和事永垂青史。"

（3）自由发言。

①根据谜面和查第格的话，分析时间的重要意义。

②用1~2个词语表达对时间的感受。

📋 活动2：时间饼

【辅导要点】

帮助学生明晰自己的时间分配情况，引发学生对自身时间管理能力的思考。

【活动时间】

15分钟。

（建议指导语：对时间的使用和管理能力，个体差异比较大，通过时间饼图，了解一下你的时间使用情况，也了解一下同学们的使用风格如何。）

【活动内容】

（1）我的时间饼。

回忆过去的24小时发生的事情，在活动记录单中的圆饼图上进行标记，要求尽量详细地回忆，并把这些事情记录在相应的时间段内。

（2）用红色笔标识出必须要做的事情，用蓝色笔标识出可做可不做的事情。

（3）小组分享和讨论：大家对时间的使用有什么相同和不同之处，原因何在？

（4）小组组长代表发言。

（5）教师总结。

【引导要点】

（1）每个人拥有的时间是一样的，但是使用上有差别。

（2）每天要做的事情是相似的，但是安排不同，效果不同。

（3）管理时间是一种能力，可以训练。

📖 活动3：时光杯

【辅导要点】

引导学生了解时间的组成和如何有效使用，帮助学生掌握时间管理的相关知识。

【活动时间】

20分钟。

（建议指导语：时间的安排和运用充满奥妙，我们通过一个经典实验进行探讨。这是一个普通的杯子，想要用它来装很多东西，看看怎样装可以装得最多呢？）

【活动内容】

（1）向学生呈现实验材料：杯子、大石块、小石块、沙子、盐、水。

（2）学生讨论后给出建议，对于不合理建议也可以试验一次。

（3）进行最佳方案的演示。

（4）小组讨论：

①如果玻璃容器是时光，那么大石块、小石块、沙子、盐、水可以象征什么呢？

②通过这个小实验，对于如何使用时间，你有什么领悟？

（5）结合学生发言介绍时间管理四象限法则（具体内容见活动素材库）。

【引导要点】

（1）先装大的，再装小的，可以装得最多。

（2）石块越大象征越完整的时间段，石块越小象征越零散的时间段。

（3）石块大小也可以象征重要性，先做重要的，再做不重要的。

（4）时间管理四象限法则。

重要而紧迫、紧迫而不重要、重要而不紧迫、不重要也不紧迫（详细内容见活动素材库）。

📄 活动4：总结与延伸

【活动时间】

5分钟。

【活动内容】

（1）对"时间饼"进行分析，哪些活动可以再少用些时间？需要采取什么措施？

（2）以时间管理为主题，以小组为单位，做一期手抄报或者板报。

四、活动素材库

1. 设计背景

时间管理所探索的主要是如何减少时间浪费，以便有效地完成既定目标。高中阶段学业任务繁重、压力"山大"，对任务进行轻重缓急的划分，有计划、有目的地使用时间是提升学习效率，更好地完成学习任务的条件和保障。

本节活动课试图通过学生自我体验的方式来感知时间的宝贵，促使学生反思自己在时间管理上存在的问题，提升时间分配的自我监控意识，主动学习和运用时间管理的知识和技能，提升学习和工作效率。

2. 理论支持

（1）时间管理。

时间管理是指通过事先规划和运用一定的技巧、方法与工具实现对时间的灵活及有效运用，从而实现个人或组织的既定目标。学习、生活及工作管理教育中均将时间管理能力培养作为一项重要内容。

（2）6点优先工作制。

该方法是效率大师艾维利在向美国一家钢铁公司提供咨询时提出的，它使这家公司用了5年的时间，从濒临破产一跃成为当时全美最大的私营钢铁企业，艾维利因此获得了2.5万美元咨询费，故管理界将该方法喻为"价值2.5万美元的时间管理方法"。这一方法要求把每天所要做的事情按重要性排序，分别从"1"到"6"标出6件最重要的事情。每天一开始，先全力以赴做好标号为"1"的事情，直到它被完成或被完全准备好，然后再全力以赴地做标号为"2"的事，以此类推……艾维利认为，一般情况下，如果一个人每天都能全力以赴地完成6件最重要的大事，那么，他一定是一位高效率人士。

（3）四象限法则。

著名管理学家科维提出了一个时间管理的理论，把工作按照重要和紧急两个不同的程度进行了划分，基本上可以分为四个"象限"：既紧急又重要、重要但不紧急、紧急但不重要、既不紧急也不重要。这就是关于时间管理的"四象限法则"。

时间管理理论的一个重要观念是应该有重点地把主要的精力和时间集中地放在处理那些重要但不紧急的工作上，这样可以做到未雨绸缪，防患于未然。在人们的日常工作中，很多时候往往有机会去很好地计划和完成一件事，但常常却又没有及时地去做，随着时间的推移，造成工作质量的下降。因此，应把主要的精力有重点地放在重要但不紧急这个"象限"的事务上是必要的。要把精力主要放在重要但不紧急的事务处理上，需要很好地安排时间。一个好的方法是建立预约。建立了预约，自己的时间才不会被别人所占据，从而有效地开展工作。

如果把要做的事情按照紧急、不紧急、重要、不重要的排列组合分成四个象限，这四个象限的划分有利于我们对时间进行深刻的认识及有效的管理。

第一象限：这个象限包含的是一些紧急而重要的事情，这一类的事情具有时间的紧迫性和影响的重要性，无法回避也不能拖延，必须首先处理，优先解决。

第二象限：这一象限不同于第一象限，这一象限的事件不具有时间上的紧迫性，但是，它具有重大的影响，对于个人的存在和发展具有重大的意义。

第三象限：这一象限包含的事件是那些紧急但不重要的事情，这些事情很紧急但并不重要，因此这一象限的事件具有很大的欺骗性。很多人认识上有误区，认为紧急的事情都显得重要。这些不重要的事件往往因为它紧急，就会占据人们的很多宝贵时间。

第四象限：这一象限的事件大多是些琐碎的杂事，没有时间的紧迫性，没有任何的重要性，这种事件与时间的结合纯粹是在扼杀时间，是在浪费生命。发呆、上网、闲聊、游逛，这是饱食终日无所事事的人的生活方式。

①第一象限和第四象限是相对立的，而且是壁垒分明的，很容易区分。第一象限是紧急而重要的事情，通常情况下，每一个人都会分析判断那些紧急而重要的事情，并优先解决它。第四象限是既不紧急，又不重要的事情，有志向而且勤奋的人断然不会去做。

②第二象限和第三象限最难以区分，第三象限对人们的欺骗性是最大的，它很紧急的事实造成了它很重要的假象，耗费了人们大量的时间。依据紧急与否是很难区分这两个象限的，要区分它们就必须借助另一标准，看这件事是否重要。也就是按照自己的人生目标和人生规划来衡量这件事的重要性。如果它重要，就属于第二象限的内容；如果它不重要，就属于第三象限的内容。

③走出第三象限：具有假象的第三象限因为它的紧急性往往使人们难以脱身，所以人们经常会陷进第三象限而无法自拔。第一象限的事情必须优先去做，第四象限的事情人们不会去做。第三象限的事情是没有意义

的，但是又很难缠，因此，必须想方设法走出第三象限。

④投资第二象限：第一象限的事情重要而且紧急，由于时间原因人们往往不能做得很好。第二象限的事情很重要，而且会有充足的时间去准备，有充足的时间去做好。可见，投资第二象限，它的回报才是最大的。

（4）让时间为自己聚集能量的策略。

①设定明确的目标：正确且适合自己，寻求良师益友的建议，写下来并放在经常能看到的地方，定下完成期限，经常思考、检讨与校正。

②每天一定要拟定每日计划，随时检视时间管理状况。

③优先计划管理：四象限法则，每天把要做的事情列一份清单，用数字表明优先顺序，从最重要的事情做起，每天如此，养成习惯。

④掌握自己的生理节奏：研究自己精力最充沛、脑子最清楚的时段，做最有价值的事；研究自己注意力集中的时间，在此时间内解决问题，该休息时一定要休息，在感到疲倦之前就休息。

⑤学会间作套种：变换工作、学习内容，脑力和体力就可以得到有效的调剂和放松。

⑥拒绝拖延，将外界干扰最小化。

⑦学会利用零碎时间。

⑧经常清理课桌和房间。

3. 可替代活动

（1）猜猜看素材。

活动1可以用以下谜语代替：

①"假设你有一个账号，这个账号每天进账86400元，每年进账31536000元，每晚12点后进账消失，每年元旦后结算扣除。"——打一词语，两个字。

②日日寺前空守门。

③看不见，摸不着，没有脚，却能跑，只见匆忙过，不见奔回头。

（2）撕纸人生（可替代活动1）。

【辅导要点】

通过撕纸活动感受时间的短暂和宝贵，引入活动主题。

【活动内容】

准备若干纸条，长16cm~18cm、宽1cm，发给学生；让学生将纸条分成10等份，在格子里依次写上1~10的数字；准备好之后，游戏可以开始，开始前向学生强调要认真对待这个游戏，因为是在面对自己的人生，这张纸条就代表着我们的人生，每一个格子就代表10年，假设我们的人生有100年。

第一步：拿着这张时光的纸条，请同学们开始回忆：幼儿园、小学、初中，高一，每回忆、告别一个年龄段，便撕去纸条上相应的那一段。

第二步：现在你认为自己可以活到多少岁，然后把你活的岁数后面的纸条撕掉。如你觉得自己能活到80岁，那就把8后面的格子都撕掉。

第三步：撕完了"过去"，请同学们"撕"出一个将来。给自己限定一个"独立的时限"，计划什么时候拥有自己独立的家庭和一份喜爱的事业？然后将"独立时限"之后的纸条撕去。

第四步：请你把高中余下两年撕出来，然后把剩下的格子折成三等份，撕掉三分之一，因为我们有三分之一的时间在睡觉。看最后纸条的长度。

第五步：请同学们谈谈"撕纸条的感受"。

（3）感受时间（可替代活动1）。

让学生站立闭眼感受1分钟的长度，从教师喊"开始"为计时起点，觉得到了1分钟就座下。

（4）视频《1分钟的生命》（可替代活动1）。

（5）生活时间清单与我的四象限（可替代活动2和活动3）。

【辅导要点】

检索每天做的事情，并以生活四象限进行归类，利用四象限法则讨论时间使用的注意事项。

【活动内容】

①将每天做的事情列成清单。

②将清单内容填写入四象限，进行分类。

③讨论分类的合理性。

④对分类进行调整。

⑤讨论时间管理的有效策略。

4.活动记录单

时间饼

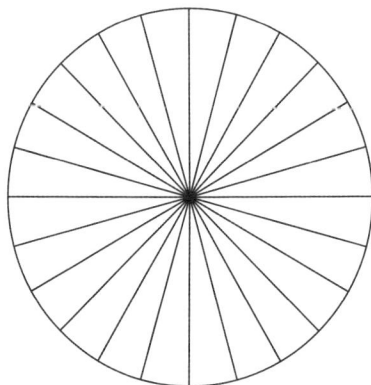

时光杯

1.放置方案：

2.小组讨论：

议题①

议题②

第 8 堂

放飞职业理想

生涯探索

PSYCHOLOGICAL

DEVELOPMENT

LEARNING

一、活动目的

1.通过"职业冲击波",引导和激励学生了解更多的职业类型。

2.通过"我的职业理想"和"'SWOT'分析法"活动,引导学生初步思考职业理想,并探讨职业选择需要考虑的主要角度。

3.通过课堂延伸活动,引导学生明确高中阶段需要做哪些准备,付出哪些努力才可能实现职业理想。

二、活动准备

1.按照场地条件和班级人数分组,每组6~8人,确定组长。

2.印制SWOT分析表(见活动素材库)。

3.轻柔背景音乐,小礼物。

三、活动过程

📋 活动 1：职业冲击波

【辅导要点】

通过职业冲击波活动，引导学生共同协作，呈现不同的职业类型，并予以归类。

【活动时间】

10分钟。

（建议指导语：根据我国 2015 年《中华人民共和国职业分类大典》，我国现在有 1 481 种职业，同学们知道多少呢？）

【活动内容】

（1）以小组为单位，进行职业冲击波游戏，即尽可能说出大家知道的职业，组长记录。

（2）3分钟后，看哪一组收集的职业类型最多，将获得小礼物。

（3）小组依次汇报本组想到的职业，去掉重复的，看看同学们能够想到多少个。

（4）每个小组将本组找到的职业进行简单分类，分类方法可以自行确定。

📋 活动 2：我的职业理想

【辅导要点】

依据学生的自主分类，进行补充说明，介绍职业的六大类型，引导学生思考自己更愿意选择哪一个类型的职业。

【活动时间】

10分钟。

（建议指导语：同学们发挥自己的聪明才智，从各种角度对职业进行了归类。职业类型非常丰富，但是基本类型为六大类：技能型、事务型、研究型、艺术型、经管型、社交型。同学们的分类是否合理？你又喜欢哪一类职业呢？）

【活动内容】

（1）提供有关六大职业类型的资料（见活动素材库）。

（2）在活动记录单上写下自己的职业理想，可以是具体的，也可以是大类。

（3）组内分享，说说自己选择职业理想的理由；如果没有职业理想，说说缘由。

（4）教师总结。

【引导要点】

（1）高中生的理想一般指的是职业理想。

（2）不知道要到哪儿去，通常哪儿也去不了。

（3）目标指引着未来人生的航向。

（4）目标越清晰越具体，就能更好地坚持，并最可能实现。

📖 活动3：SWOT分析法

【辅导要点】

通过介绍SWOT分析方法，引导学生对自己的理想职业进行具体分析，进而了解选择职业时需要考虑的因素。

【活动时间】

20分钟。

（建议指导语：确立理想职业目标之后，你是否进行过自我分析？因为再高大的建筑也要从第一块砖垒起，再美好的未来期待也要从行动开始。只有客观理性地思考自身的特点和外部环境，并综合分析各种因素，才能明确真正适合的未来发展方向。）

【活动内容】

（1）认识SWOT分析法。

SWOT分析法在我们需要做出选择时提供了良好的思路，可以借鉴（SWOT分析法详解见活动素材库）。

SWOT法进行选择分析，就是将与你密切相关的各种主要内部优势因素（strength）、弱点因素（weakness）、机会因素（opportunity）和威胁因素（threat）罗列出来，然后把各种因素相互匹配起来具体分析，从中得出一系列相应的结论和对策等。

（2）做自己的职业分析师。

（建议指导语：为了在确定理想职业时更为科学可行，我们来尝试运用SWOT分析法来针对自己的理想职业进行简单分析。如果没有选定自己的职业理想，可以以自己相对熟悉的某个职业为例，进行职业分析体验活动。）

发给每人一张SWOT分析表，对个人职业目标进行分析（表格见活动素材库）。

（3）小组分享。

①与小组同学交流，不能确定的角度可以听听伙伴的意见，请他们为你出谋划策，完善你的职业分析。

②组长采集组员的意见，总结SWOT四个角度哪些是内部因素、哪些是外部因素及其具体的内容。

（4）班内分享

就SWOT四个角度而言哪些是内部因素、哪些是外部因素及其具体的内容进行分享，相互补充。

（5）教师总结。

【引导要点】

建构职业理想既要考虑内部因素，又要考虑外部因素。

①S-优势（优点）：是指可以控制并利用的内在积极因素，如能力优势。

②W-弱点（不足）：是可以控制并努力改善的消极内部因素，如性格的不足或经验的缺乏。

③O-机会：是不可控制但可以利用的外部积极因素，如社会需求、机遇等。

④T-威胁：（挑战）是不可控制但可以弱化的外部的消极因素，如竞争者等。

📋 活动4：总结和延伸

【活动时间】

5分钟。

【活动内容】

（1）请同学们自由发言，谈谈你对如何确定适宜的职业理想的新看法。

（2）延伸作业：规划一下从现在开始到高考，为目标做哪些准备。

（3）教师总结。

（建议指导语：梦想虽然遥远，但只要执着地追求就很有可能实现。但是成功不只是靠想象，它需要我们结合自己的实际，认清自己的优势，也要事先了解职业的需求。不积跬步，无以至千里；不积小流，无以成江海。）

四、活动素材库

1. 设计背景

高中生主要在学校和家庭中生活与学习，对社会生活和职业信息的了解非常有限，普遍对职业生涯规划缺乏应有的认识，规划动机较低，意识薄弱。个别学生虽然具有强烈的职业愿望和需求，但难以准确、客观地了解和认识自己的职业理想，不能脚踏实地地树立职业目标，容易产生职业生涯困惑，而且容易由于理想和现实脱节而引发抑郁、焦虑等不良情绪。

本课设计旨在引导学生关注职业类型，帮助其初步思考自己的职业愿望，学习和练习运用SWOT法则针对职业理想进行分析，从而对如何建立职业目标有更客观全面的认识，并利用所了解的知识进行生涯探索，进一步形成主动自我规划的意识。

2. 理论支持

（1）生涯发展理论。

美国著名的职业指导专家金斯伯格对青少年职业选择的过程与问题做了深入的研究，提出了职业生涯发展阶段论。金斯伯格认为，青少年职业发展分为幻想阶段、尝试阶段、现实阶段三个发展阶段。高中生的职业发展正处在尝试阶段和现实转变的关键时期，在职业需求上不仅呈现出尝试期的理想主义色彩，开始考虑职业角色的社会地位、社会意义，以及社会对该职业的需要；又受高考之后对大学专业抉择的影响，呈现出客观期的特点，现实地把自己的职业愿望或要求，与自己的主观条件、能力，以及社会的职业需要紧密和协调起来，寻找适合于自己的职业角色。

舒伯将生涯发展阶段划分为成长、探索、建立、维持、衰退五个阶段。十六七岁的青少年正处在"探索"阶段的第一个时期——尝试期。这一时期的青少年考虑需要、兴趣、能力及机会，作暂时的决定，并在幻想、讨论、课业及工作中加以尝试。

（2）职业类型。

①技能型。

愿意使用工具从事操作性工作，动手能力强，做事手脚灵活，动作协调。偏好于具体任务，不善言辞，做事保守，较为谦虚。缺乏社交能力，通常喜欢独立做事。

性格特点：不拘小节、谦逊、踏实稳重、诚实可靠。

典型职业:喜欢使用工具、机器，需要基本操作技能的工作。要求具备机械方面才能、体力，或对从事与物件、机器、工具、运动器材、植物、动物相关的职业有兴趣，并具备相应能力。如:技术性职业（计算机硬件人员、摄影师、制图员、机械装配工），技能性职业（木匠、厨师、技工、修理工、农民、一般劳动）。

②事务型。

尊重权威和规章制度，喜欢按计划办事，细心、有条理，习惯接受他人的指挥和领导，不谋求领导职务。喜欢关注实际和细节情况，通常较为谨慎和保守，缺乏创造性，不喜欢冒险和竞争，富有自我牺牲精神。

性格特点：有责任心、依赖性强、高效率、稳重踏实、细致、有耐心。

典型职业：喜欢要求注意细节、精确度、有系统有条理，具有记录、归档、据特定要求或程序组织数据和文字信息的职业，并具备相应能力。如：秘书、办公室人员、记事员、会计、行政助理、图书馆管理员、出纳员、打字员、投资分析员。

③研究型。

思想家而非实干家，抽象思维能力强，求知欲强，肯动脑，善思考，不愿动手。喜欢独立的和富有创造性的工作。知识渊博，有学识才能，不善于领导他人。考虑问题理性，做事喜欢精确，喜欢逻辑分析和推理，不断探讨未知的领域。

性格特点：坚持性强、有韧性、喜欢钻研、好奇心强、独立性强。

典型职业：喜欢智力的、抽象的、分析的、独立的定向任务，要求具备智力或分析才能，并将其用于观察、估测、衡量、形成理论、最终解决问题的工作，并具备相应的能力。如:科学研究人员、教师、工程师、计算机编程人员、医生、系统分析员。

④艺术型。

有创造力，乐于创造新颖、与众不同的成果，渴望表现自己的个性，实现自身的价值。做事理想化，追求完美，不重实际。具有一定的艺术才能和个性。善于表达、怀旧、内心比较丰富。

性格特点：有创造性、非传统的、敏感、容易情绪化、较冲动、不服从指挥。

典型职业：喜欢的工作要求具备艺术修养、创造力、表达能力和直觉，并将其用于语言、行为、声音、颜色和形式的审美、思索和感受，具备相应的能力。不善于事务性工作。如：艺术方面（演员、导演、艺术设计师、雕刻家、建筑师、摄影家、广告制作人）、音乐方面（歌唱家、作曲家、乐队指挥）、文学方面（小说家、诗人、剧作家）。

⑤经管型。

追求权力、权威和物质财富，具有领导才能。喜欢竞争、敢冒风险、有抱负。为人务实，习惯以利益得失，权力、地位、金钱等来衡量做事的价值，做事有较强的目的性。

性格特点：善辩、精力旺盛、独断、乐观、自信、好交际、机敏、有支配愿望。

典型职业：喜欢要求具备经营、管理、劝服、监督和领导才能，以实现机构、社会及经济目标的工作，并具备相应的能力。如：项目经理、销售人员，营销管理人员、政府官员、企业领导、法官、律师等。

⑥社交型。

喜欢与人交往、善言谈、愿意教导别人。关心社会问题、渴望发挥自己的社会作用。寻求广泛的人际关系，比较看重社会义务和社会道德。

性格特点：为人友好、热情、善解人意、乐于助人。

典型职业：喜欢要求与人打交道的工作，能够不断结交新的朋友，从事提供信息、启迪、帮助、培训、开发或治疗等事务，并具备相应能力。如:教育工作者（教师、教育行政人员）、社会工作者（咨询人员、公关人员）。

（3）SWOT分析法。

SWOT分析法又称态势分析法，它是由美国旧金山大学的管理学教授于20世纪80年代初提出来的。S代表strength（优势）、W代表weakness（弱势）、O代表opportunity（机会）、T代表threat（威胁），其中，S、W是内部因素，O、T是外部因素。

简单讲，SWOT分析法就是根据个人和环境两个方面的内容，思考一个人的优势、不足、机会和挑战。优势是指你可以控制并利用的内在积极因素，如能力优势;不足是你可以控制并努力改善的消极因素，如性格的不足或经验的缺乏;挑战是你不可控制但可以利用的外部积极因素，如社会需求、机遇等;挑战是你不可控制但可以弱化的外部的消极因素，如竞争者等。具体方法是将我们密切相关的优势、不足、机会和挑战等因素一一列举出来，然后把内外因素相互匹配起来加以分析，从中得出一系列相应的结论，帮助我们全面、客观地思考与抉择。

在SWOT组合分析图中，优势—机会区（强化区）是有利于我们发展的，你应该充分利用这些优势并把握机遇;优势—挑战区（储备区）表明你虽然在某些方面具有优势，但很可能面临非常激烈的竞争;不足—机会区（发展区）是需要我们去努力提升的方面，这样才能获得更多的发展空间;不足—挑战区（规避区）需要我们客观面对，应该根据实际情况尽可能避免。

例如，一位梦想成为精算师的高中生，在优势—机会区中填入的是我国金融业正在蓬勃发展，国家建立了精算师考试体系，自己思维缜密、擅长逻辑分析，数学成绩优异;在优势—挑战区中填入的是精算师考试难度大、录取率低，但自己拥有充沛的精力和顽强的毅力;在不足—机会区中填入的是做事容易主观臆断、性格略固执，但精算在国内处于起步阶段，需要大量人才;在不足—挑战区中填入的是缺少从事精细构造工作的经验，不喜欢受约束，很多优秀学生也会报考精算业，竞争激烈。综合分析各种因素后，他决定把精算师作为自己的职业目标。

3. 可替代活动

（1）SWOT分析可以用现实中一个大学生求职准备和求职经历来说明。

（2）我的职业树（可替代活动3）。

【辅导要点】

以绘制职业树的方式自我分析，职业理想建立的基础条件及如何才能实现。

【活动内容】

①画出一个树形图，或者印制统一的树形图发给学生。

②把职业写在树干上，围绕成功树填写上种子（认识自我）、树根（不断学习）、树干（意志力）、枝叶（人际关系）、果实（目标）、阳光（适应环境）、雨露（机遇）等。

③讨论和归纳树立职业理想需要考虑的因素，获得成功职业需要在高中阶段做好哪些准备。

（3）我的职业地图（可替代活动3）。

【辅导要点】

以思维导图的形式进行职业目标的SWOT分析，思考探索职业目标必须关注的角度。

【活动内容】

①给每个学生发一张16开（或A4）白纸，用手中的彩笔，根据SWOT对个人职业的分析情况，以思维导图（文字或图形）的形式重新规划自己的高中阶段为自己的理想职业要做哪些准备。

②将自己的理想职业写在纸的中央，然后用不同的颜色、形状分支表达高中阶段要为理想职业做哪些准备，如学业成绩、身体健康、人际交往、个性发展、优势培养等。

③用红色的笔在图中标出2~3个自己看重的部分，并将具体的规划信息填充在图中的分支上。

④绘制完成后，小组内分享交流我的职业思维导图，听取他人意见后，及时补充和完善自己的图画。

⑤将自己的作品在教室内专门布置的"放飞职业理想"园地展出，可以请父母、老师、同学留言予以鼓励。

教师总结：现实是此岸，理想是彼岸，中间隔着湍急的河流，行动是在河岸上架桥梁。学者贵于行之，而不贵于知之。目标只有付诸行动才能推动生涯目标的实现。心中有梦想，眼里有未来，让我们行动起来，实现心中最美丽的生涯蓝图。

4. 活动记录单

职业冲击波

_____

_____

我的职业理想

_____

_____

职业分析师

SWOT分析表

我的职业目标	
我的优势（S）	

我的劣势（W）	
我的机会（O）	
我的威胁（T）	

实现理想要做的准备

_____

_____

_____

PART TWO

{ 高二年级 }

第 9 堂
动机与学习
学习辅导

PSYCHOLOGICAL
DEVELOPMENT
LEARNING

一、活动目的

1.通过课堂活动引导学生梳理自己的学习动机，并进行内部动机与外部动机的分类。

2.通过动机的心理学实验认识动机对学习和工作的影响力量。

3.通过积极动机和消极动机的辨析，保持积极的，转换消极的，提高主动调控的意识，训练自我调节能力，促进学业顺利发展。

二、活动准备

1.依据场地条件和班级人数分组，每组6~8人，确定组长。

2.下载并截取TED演讲视频《出人意料的工作动机》，制作多媒体课件（或者提供文字材料）。

3.印制活动记录单（见活动素材库）。

4.红、黄、绿三色彩笔，每组若干支。

三、活动过程

📄 活动 1：十个为什么

【辅导要点】

引导学生思考为什么要学习，梳理自己的学习动机，并进一步分析是外部动机还是内部动机，讨论两种动机对学习的影响。

【活动时间】

10分钟。

（建议指导语：同学们，从小到大，你们都知道这样一句话："好好学习，天天向上。"你有没有思考过这句话自己是不是真的认同？自己究竟为什么学习？无论答案是 YES 还是 NO，今天我们就来梳理一下。）

【活动内容】

（1）在活动记录单的"我的表单"中写出你能想到的为什么学习的理由，最好可以写出10个。

（2）时间限定3分钟，如果完不成，可以参考小组同学的意见。

（3）小组交流总结。

①组长组织统计本组答案，记录在活动记录单的"小组表单"内。

②将答案按外部动机和内部动机分类。

（4）班内分享（3分钟）。

小组依次发言，后边小组补充，教师在黑板简要记录。

（5）教师总结。

依据讨论结果，归纳常见的学习动机。

【引导要点】

（1）对为什么学习的回答就是我们常说的学习动机。

（2）动机分为两种：内部动机和外部动机。内部动机是因个体内在需要产生的动机，外部动机是受外在环境因素影响形成的动机。

📖 活动 2：动机的力量

【辅导要点】

通过有关动机的心理学实验，引导学生思考内部动机和外部动机对任务完成的影响有什么差异，什么样的学习动机真正有利于学习。

【活动时间】

15分钟。

（建议指导语：内部动机和外部动机都在影响着我们的学习活动，但是哪种动机更有力量呢？我们来看看心理学家的实验。）

【活动内容】

（1）播放TED演讲《出人意料的工作动机》剪辑，或者提供文字材料。

实验材料：1945年，由心理学家KarlDuncker所创造的一个实验，在行为科学中被广泛应用，过程如下：

假设我是实验者，我带你进入一个房间，给你一根蜡烛，一些图钉和火柴，告诉你："现在，尝试把蜡烛固定在墙上，让烛泪不要滴到桌上。"你会怎么做？

（注意：可以让学生简单思考后，自由回答，也许有学生知道答案，请他讲解。）

许多人尝试用图钉把蜡烛钉在墙上，行不通。有些人想到他们可以点燃火柴，熔化蜡烛的底部，尝试把它粘在墙上。好主意，但行不通。过了5~10分钟，大部分的人便会想出解决办法，就像图片上那样，重点是克服"功能固着"——当你看到盒子，你不过把它当成装大头针的容器，它还有其他功能，那就是作为放蜡烛的平台。

实验过程：普林斯顿大学的科学家Sam Giucksberg采用这个蜡烛问题所做的实验让我们看见"动机的力量"。

①将参与者聚在一处，告诉他们，"我要开始计时，看看你们能多快解决这个问题？"

②对其中一群人说："我只是想取个平均值，看一般人需要花多久的时间，才能解决这样的问题。"

③提供奖励给另一群人，说："如果你是前25%最快解决问题的人，就能拿到5块钱，如果你是今日所有人里解答最快的，你就有20块钱。"（由于年代问题，换算一下奖励其实不少。）

④问题：哪一组人解题速度快呢？快了多少呢？

（注意：可以让学生简单思考后，自由回答，也许有学生知道答案，请他讲解。）

⑤揭晓答案。

（建议指导语：实验结果告诉我们，得到奖励的小组平均多花了三分半钟完成任务！为什么会出现这个结果呢？如果你想要人们做得更好，你便给他们奖赏，好像应该是这样的呢，这个实验为什么会相反呢？）

（2）分组讨论。

①"有奖组"为了什么去解决问题？"无奖组"为了什么去解决问题？

②两个组分别属于哪种动机？由实验来看哪个动机对行为的推动力更大？

（3）教师总结。

【引导要点】

（1）"有奖组"的奖励是外部的激励"钱"，"无奖组"解决问题的动力是发自内心，看"自己能花多少时间挑战成功"。

（2）内部动机对行为的推动力更大。同样，对于学习而言，能让我们学习更持久，更能坚持下去的是内部动机。

📖 活动 3：确认键与转换机

【辅导要点】

重新梳理自己的学习动机，确认积极有效的动机，对于无效甚至产生干扰作用的动机进行自主转换。

【活动时间】

15分钟。

（建议指导语：有关动机对人类行为的影响的心理学实验很多，内部动机更稳定、更长效。其实无论是内部动机还是外部动机，只要推动了活动就是积极的，影响和阻碍的就是消极的。我们要从这个角度进一步思考如何调整学习动机，才真正有利于我们的学习。）

【活动内容】

（1）在活动1中自己找到的学习动机中，哪些动机更有利于顺利完成学业，以绿色笔标记；没有效果的动机以黄色笔标记；会阻碍学习的动机用红色笔标记。

（2）针对黄色和红色条目，思考并提出转换方案（可以在小组内自由讨论，互助完成）。

（3）每个小组选派一名成员参与班内分享。

（4）教师总结。

【引导要点】

（1）"确认键"是辨析积极与消极的过程，高中学业状态需要理性分析。

（2）"转换机"是主动调节的能力，自我监控能力是顺利完成学业，以及其他重要工作的必备能力。

📖 活动 4：总结与延伸

【活动时间】

5分钟。

【活动内容】

（1）就确认键和转换机进行自由发言。

（2）对于学习动机角度存在疑惑的同学，参加专题讨论小组活动。

（3）将本节课生成内容在班内进行主题展示。

四、活动素材库

1. 设计背景

高中生能否顺利完成学习任务，有赖于其获取知识的手段由原来被动从教师那得到，向经过独立思考之后主动获取这一重要转变。这个转变也是为学生将来进入高等教育阶段，需要完全自主完成学业的发展阶段打下一个良好的基础。

从高一下学期直至高二，随着学生对高中生活的逐渐适应，对自己的学习水平的多次评估，以及课业难度的不断增加，常常会因缺乏学习动力而影响学业的正常发展。吴增强在《学习心理辅导》一书中提出：目前学生普遍存在厌学心理是一个不争的事实，通过对学习困难学生进行分类研究，他发现动力型障碍竟占57%。因此学生学习动力激发是一个重要任务。本节班会课的核心目标是引导学生认识和调整自身的学习动机，以更加主动积极的状态投入学习活动中去。

2. 理论支持

（1）学习动机——学习的强大动力源。

学习动机对学习活动可以发挥明显的推动作用，我们很难想象一个对学习毫无兴趣，对知识没有半点儿需要和渴求的人会取得优异的学习成绩；也很少发现从未接受和体验过外在的促进、支持和鼓励的孩子能够获得学习的成功。

学习动机一般可以分为内部动机和外部动机两种。

内部动机是指学习活动本身可以满足学习者的好奇心、求知欲，学习内容可以满足学习者的兴趣和爱好，促使其积极主动地参与学习活动。比如喜欢理科的学生，做练习题时不但不会感到厌倦，反而会沉浸在复杂多变的数字和公式中，体验到许多乐趣和满足。

外部动机则是因受到外部的刺激和鼓励，提高了自身的学习积极性。比如榜样的影响、重要人物的期待、与同龄人竞争或远大理想的激励等，都属于外部动机。

科学研究和实践表明，内部动机和外部动机在学习活动中都具有重要的意义，两者需要有机结合，才会产生最佳的效果。

（2）需要层次理论。

人本主义心理学创立者马斯洛强调人类的动机是由多种不同性质的需求组成的。而各种需求之间，又有先后顺序和高低层次之分，故称为需要层次理论。马斯洛认为人的需求按其性质由低到高分为七个层次：生理需求、安全需求、归属与爱的需求、自尊需求、求知需求、审美需求、自我实现需求。前四层为基本需求，后三层为成长需求。基本需求一旦满足，其需求强度就会降低。成长需求则不同，其需求强度不但不随其满足，而减弱，反而因获得满足而增强。也就是说，在成长需求之下，个体所追求的目标是无限的。无论是求知还是审美都是永无止境的。

（3）归因理论。

归因理论是由心理学家韦纳提出的，该理论认为人们会对成功及失败进行归因。韦纳提出了四种影响因素，分别为能力、努力、任务难度及运气。而后的研究发现，成就归因的原因不限于上述回答，还包括他人帮助、情绪状态、身体状况等。张春兴认为，就中国学生而言，后几项受传统文化影响显得相当重要。学业成功失败对学生来讲是经常遇到的，不同的归因倾向，就会引起不同的期望和情感体验，由此而产生不同的学习行为。因此，对学生进行成就归因训练，是激发学习动机的重要内容。

（4）习得性无助。

习得性无助是塞林格曼研究动物行为时提出来的。他发现当动物无法避免有害或不快的情境，而获得失败经验时，会对日后应付特定事物的能力起破坏性效应。对个人来讲，经历了失败与挫折后，面临问题时产生的无能为力的心理状态称为习得性无助。学业习得性无助主要表现在：认知上怀疑自己的学习能力，觉得自己难以应付课堂学习任务；情感上心灰意懒、自暴自弃，害怕学业失败，并由此产生高焦虑或其他消极情感；行为上逃避学习。例如，选择容易的作业，回避困难的作业，抄袭别人作业乃至逃课逃学等。学业不良的学生习得性无助不是一朝一夕形成的，而是个体在经常性的学习失败情境中习得的行为方式。大量研究表明学业不良学生在成就归因上存在归因障碍。

3. 可替代活动

（1）"动机的力量"素材。

可以由另一个心理学实验代替：以幼儿园儿童作为被试，发给他们从来没见过的画笔，让他们在三天之内随意涂画。两周后再发给这些孩子们同种画笔，再去用这些笔来涂画。记录使用画笔的时间。

被试共分为三组，每组内包括被试总数三分之一的儿童。对第一组在涂画前许以专属的优胜奖状，事后进行口头表扬并发给奖状。对第二组事前不许愿，但在涂画后，出其不意地给予同样的口头表扬和奖状。对第三组，事先既不许愿，事后也不予以任何奖赏。

两个星期后，再把那种画笔发给三组孩子，让他们在三天之内自由涂画，并记录各组被试涂画的总时间，但这次对他们概不予任何奖赏。

结果当初事先得到许愿，事后又得到奖赏的第一组儿童，涂画的总时间最短，只有15分钟；当初事先既未得到许愿、事后也未得到奖赏的第三组，涂画的总时间反而为30分钟；当初事先未得到许愿，事后出其不意地得到奖赏的第二组，涂画的总时间则超过30分钟。

请学生思考并回答以下问题：

①奖赏属于什么动机？没有奖赏的组涂画的动机是什么？属于什么动机？

②哪个动机对行为的推动力更大？

③从这个实验中你得到什么启发？

教师引导要点：如果把儿童随意涂画一些东西看作他们的一种自我实现活动，那么，这个实验的结果则表明，外加奖赏对这种自我实现不仅未起加强作用，反而起了减弱作用。

在某些情况下，外部动机不只不能加强内部动机的力量，反而可以减弱它。

（2）小狗怎么了（可替代活动2和活动3）。

动机的力量可以由归因理论和训练代替。

【辅导要点】

让学生通过归因训练为自己学习的失败与成功合理归因。

【活动内容】

①介绍经典心理学实验：习得性无助。

"习得性无助"是美国宾夕法尼亚大学心理学教授塞里格曼（Seligman）1967年在研究动物时提出的，他用狗做了一项经典实验。西里格曼把狗关在一个上了锁的笼子里，并且在笼子边上安装了一个扩音器。只要扩音器一响，笼子的铁丝网就会通上电流，电流的强度足以让狗感到痛苦，但不会伤害它的身体。刚开始，扩音器响的时候，被电到的狗会在笼子里四处乱窜，试图找到逃脱的出口。可是在试过几次都没有成功之后，狗就绝望了，放弃了挣扎。虽然扩音器响了，还是有电流通过，但狗只是躺在那里默默地忍受痛苦，而不再极力逃脱了。

于是塞里格曼把狗挪到了另一个更大的笼子里，笼子的中间用隔板隔开，一边通电，一边没有通电，但隔板的高度是狗可以轻易跳过去的。塞里格曼把另一条从来没有经过实验的对照组狗，和先前的那条实验狗一起关进了通电的一边，当扩音器响起，笼子通电时，对照组狗在受到短暂的惊吓之后，立刻奋起一跳，逃到了安全的那一边。可是那条可怜的实验狗，却眼睁睁地看着伙伴轻易地跳到笼子的另一边，自己却卧倒在笼子里，再也不肯尝试了。

②小组讨论与总结。

学生讨论问题："小狗怎么了？"；了解这个实验后，同学们对学业挫败有什么新的认识？

③导入"习得性无助"的概念。

狗之所以表现出这种状况，是由于在实验的早期学到了一种无助感。也就是说，它们认识到自己无论做什么都不能控制电击的终止。狗认识到自己没有能力改变这种外界的控制，从而学到了一种无助感。随后的很多实验也证明了这种习得性无助在人身上也会发生。

归因理论认为：个体对自己成就情境的不同归因，会引起不同的认知、情绪和行为。积极的归因会提高我们的自信和坚持，消极的归因则会增加自卑和放弃。

④归因训练。

建议指导语：积极归因是可以通过练习不断达到的。下面我就来试一试。

回忆自己考试成功的经历，并归纳自己成功的原因（1~3组做）。

回忆自己考试失败的经历，并归纳自己失败的原因（4~6组做）。

写完以后，两两一组，或三人一组互相补充原因。归纳成功原因的同学，尽量强调成功的内在原因，能力、努力这些长久的原因等。找归纳失败原因的同学，尽量强调失败的偶然性、考试难度、暂时性。

⑤教师总结。

（建议指导语：请同学们说说对这节课印象最深的是什么？希望每个同学都能找到那个最让你动心的学习理由，都能在遭遇学业上的挫折时，相信自己能行，坚持住，相信每个人都会拥有最美的人生旅程。）

4. 课堂记录纸

十个为什么

我的表单

为什么学习?	分类	颜色	转换机
1			
2			
3			
4			
5			
6			
7			
8			
9			
10			

小组表单

序号	为什么学习	分类
1		
2		
3		
4		
5		
6		
7		
8		
9		
10		
11		
12		
13		
14		
15		
16		

动机的力量

讨论记录：

心情变压器

情绪调节

PSYCHOLOGICAL DEVELOPMENT LEARNING

一、活动目标

1.通过"心灵电波"活动，营造欢乐愉悦的课程氛围，获得积极情绪体验。

2.通过"心情对对碰"活动分析应对压力的方法，评估自身的抗压能力。

3.通过"心情变压器"活动掌握改变压力的有效方法，提升对压力所带来的消极情绪的主动调节意识。

二、活动准备

1.依据场地和班级人数随机分组，每组6~8人，确定组长。桌椅呈马蹄形摆放，中间留出活动空间。

2.制作写有某种情绪的纸板（捶胸顿足、怒发冲冠、唉声叹气、愁眉不展等压力情境中常见的情绪词汇）。

3.印制活动记录单（见活动素材库）。

三、活动过程

📖 活 动 1：心 灵 电 波

【辅导要点】

热身活动，调动学生积极性，营造欢乐愉悦的课程氛围，获得积极情绪体验，呈现课堂公约。

【活动时间】

5分钟。

（建议指导语：同学们，今天我们的热身活动叫"心灵电波"，这个活动考验同学们之间的默契程度。）

【活动内容】

（1）每两组同学为一队，排成纵队，全体保持安静。

（2）全队同学向后站立，第一名同学到教师处抽取情绪词汇纸板，看清楚后教师收回。

（3）第一名同学准备好后请第二名同学转身，用身体语言传递情绪词汇给第二名同学，之后以此类推。要求整个过程不能出声，只允许用动作表示，犯规则停止比赛。

（4）由最后一名同学猜出队友传递的情绪词汇是什么。

（5）准确猜出的队可以获得"最佳电波奖"。

（6）教师总结。

引出主题。

（建议指导语：同学们有没有注意，今天传递的心灵电波都是什么性质的情绪，容易发生在什么样的情境中呢？）

📋 活动 2：心情对对碰

【辅导要点】

通过回忆并与伙伴交流曾经经历过的压力事件，以及自己的情绪、行为反应和应对的结果，了解压力事件中常见的情绪反应，以及情绪对行为的影响。

【活动时间】

15分钟。

（建议指导语：当我们处于压力之下，对情绪的感受是非常重要的，如果不能正确判断自己的情绪，就无法真正做到合理应对和保护自己，下面我们来进行心情对对碰的活动，与自己在压力情境中的情绪碰个面，也了解一下伙伴们在压力情境中会有什么反应。）

【活动内容】

（1）思考最近一段时间经常困扰你的，或者曾经经历过的印象深刻的压力事件，在活动记录单上写出这个压力事件所引发的情绪，以及情绪所引发的行为和心理反应（5分钟）。

（2）组内讨论与分享。

小组内交流，总结常见的压力来源及压力情境中的常见情绪反应。

（3）班内分享。小组轮流发言，每组时间控制在1分钟。

（4）教师总结。

【引导要点】

（1）压力随处可见，适度的压力是动力，过度的压力伤身伤神。

（2）常见的压力来源：学习，家庭生活，情感，人际关系，健康状况等。

（3）常见压力反应。

①情绪容易沮丧，低落，焦虑，易怒，情绪波动大，无能为力感，有挫折、空虚的感受等。

②容易与人发生冲突，产生不快，说话冷言冷语，感情迟钝，对自己或他人的评价、谈话容易出现负面的描述。

📋 活动3：心情变压器

【辅导要点】

通过"心情变压器"活动思考和讨论转换压力引发的消极情绪的方法，提高主动控制情绪的意识，学习积极地面对压力情境。

【活动时间】

20分钟。

（建议指导语：我们所感受到的所有情绪都是大脑传递给我们的信号，我们只有读懂了这些信号，才能进一步保护自己，持之以恒地做好自我情绪管理。）

【活动内容】

（1）将"心情对对碰"活动记录中"行为反应"与"事件结果"两栏综合考虑，确定自己的应对是否合理。

（2）小组内交流，讨论应对压力情境的合理方式。

（3）班内分享，每组组长代表发言，将本组讨论结果以条目形式概括呈现。

（4）教师总结。

依据学生讨论结果进行总结。

【引导要点】

（建议指导语：同学们列举了很多，老师简单总结了一下，大家对于如何合理应对压力也有了一些了解。其实很多不合理的应对经过调节和转换，也可以变成合理应对。）

（1）了解自己的情绪。知道自己怎么了，情绪从何而来。

（2）向他人倾诉。找到可以信任的人诉说自己的状况和感受。

（3）转移注意力。听音乐、看书、上会儿网等，把注意力投向其他角度。

（4）适度的户外活动。适宜的运动、散步，以及其他室外活动，也有很好的减压效果。

（5）建设性宣泄。不对自己和他人产生消极影响和伤害。

📋 活动 4.：总结与延伸

【活动时间】

5分钟。

（建议指导语：将自己应对压力情境的不合理反应找出来，想一想，如何变压，可以转成合理应对呢？）

【活动内容】

（1）找到应对压力情境的不合理应对，依据所了解的应对压力知识，进行调整"变压"。

（2）自由发言，结合本节课内容或自己的"变压"成果谈谈感受。

（3）可将讨论结果以主题板报形式作延伸展示。

四、活动素材库

1. 设计背景

对于高中学生来说，情绪的两极性与矛盾性仍是这个年龄阶段的主要特点，他们常处于主观愿望和客观现实的矛盾冲突中，情绪容易波动。由于生活阅历、思维能力、自控能力的限制决定了他们普遍欠缺有效应对压力情境的能力，难以有效调控消极情绪。

本节活动课是从压力情境的自我检索入手，帮助学生认识常见的不合理应对方式，讨论有效调节情绪的方法，通过情绪管理提升自身应对压力的能力。思考和体验情绪作为事件与结果之间的中间环节，往往是造成不良结果的真正原因，通过情绪管理也可以尽可能避免或降低压力事件的消极影响。

2. 理论支持

（1）关于情绪调节。

情绪调节主要有具体情绪的调节、唤醒水平的调节和情绪成分调节。

情绪调节包括所有正性和负性的具体情绪调节。例如快乐、兴趣、悲伤、愤怒、恐惧、抑郁、焦虑等。关于情绪调节，人们很容易想到对负性情绪的调节，当愤怒时人们需要克制；悲伤时需要转换环境，想一些开心的事情等。其实，正情绪在某些情况下也需要调节。例如在竞争中取得了好成绩时，常常不能表现得过分高兴，以免影响其他人的情绪。

情绪调节是个体对自己情绪的唤醒水平的调节。一般认为，主要是调节过高的唤醒水平和强烈的情感体验，但是，一些较低强度的情绪也需要调节。研究表明，高唤醒对认知操作起瓦解和破坏作用，如狂怒会使人失去理智，出现极端行为。

成功的情绪调节就是要管理情绪体验和行为，使之处在适度的水平。也有人指出，情绪调节包括：削弱或去除正在进行的情绪，激活需要的情绪，掩盖或伪装某种情绪。所以情绪调节既包括抑制、削弱和掩盖等过程，也包括维持和增强的过程。

情绪调节的范围相当广泛，它不仅包括情绪系统的各个成分，也包括情绪系统以外的认知和行为等。情绪系统的调节主要是指调节情绪的生理反应、主观体验和表情行为，如情绪紧张或焦虑时，控制血压和脉搏；体验痛苦时，离开伤心情境使自己开心一点；过分高兴时掩饰和控制自己的表情动作等。

此外还有情绪动力性的调节，如调节情绪的强度、范围、不稳定性、潜伏期、发动时间，情绪的恢复和坚持等。

（2）缓解不良情绪的方法。

①做自己情绪的旁观者——评估情绪。

当我们处于情绪之中，很容易在情绪中迷失自己，往往身在其中的人看不出情绪产生的原因，不能理智对待，容易作出错误的决定。因此当处在强烈的情绪之中时，要让自己沉着冷静，把自己暂时置身事外，从一个旁观者的角度评估自己的情绪，认清情绪产生的原因，避免自己在消极情绪之下做错事情。

②增加心灵的弹性——接纳情绪。

作为新时代的高中生，我们要在面对变化带来的新事物及一些新想法时，保持一种开放的态度，勇于接纳多样的情绪，无论积极还是消极。对于他人的行为无法理解时，首先我们要努力保持一种接纳的态度；其次，要勇于探索新的事物，有勇于尝试新鲜事物、接受挑战的勇气，自我宽慰，培养自己积极乐观的生活态度；最后，要学会从不同角度看待问题，学会换角度思维，从积极角度看待消极情绪的产生，促进对消极情绪的理解与接纳。

③让大脑去感受新鲜空气——释放情绪。

生活中如果积聚太多的消极情绪就会让自己像背负十字架一样无法起身、抬头，学会释放消极情绪，注入积极情绪。就像一间屋子需要通风一样，让新鲜空气进入房间。当我们紧张的时候，做几次深呼吸，帮助自己平静下来；当生气的时候，说出自己的想法，或者通过大声歌唱、听音乐、运动等方式将愤怒情绪宣泄出去；当悲伤的时候，与值得信赖的朋友一起分享你的经历和情绪，寻求有力的社会支持；当害怕的时候，大声告诉自己我能行。

（3）消极情绪的自我心理调节。

①自我激励。

用一些富有哲理和感染力的明言警句鼓舞自己，或选择令自己欣赏和佩服的榜样，用他们的勇敢精神激励自己，鼓起战胜消极情绪的勇气。

②转移注意力。

通过一些自己感兴趣的活动，将注意力从引发消极情绪的事件当中转移出来。过于强烈的消极情绪都与当时的情境密切相关，只要善于脱离不利的情境，对于情绪的控制就变得相对容易。

③心理补偿。

消极情绪的产生一般都是由于个体某方面的需求没能得到满足，如果还要一味强求，结果只能够使自己的情绪更加糟糕。要能够考虑到条条大路通罗马，可以从其他方面的收获得到补偿，求得心理上的平衡。

④合理化法。

就是所谓的"精神胜利法"，如吃亏是福、破财免灾等。这并不是一种积极的应对策略，但是效果很好，注意不要滥用，以免形成习惯或定式。

⑤充实自己的生活。

精神空虚或无所事事的人容易产生不良情绪，很多情绪不良的学生就是因为想得多，做得少。无论是学习、生活还是工作，人们都需要有明确的目标来激励自己不断向前努力。为了实现目标，就要有计划地实施具体活动，虽然辛苦，却容易感到充实和快乐。所以将自己的生活安排得丰富多彩、紧凑有序，有利于避免消极情绪的产生。

⑥提高现实感。

现实感强的人不容易被过去的挫折和失败所左右，陷入消极情绪，也不容易过分地考虑将来的艰难困苦，预支烦恼和不安。所以教师要提醒学生，重视现在的生活和学习，尽自己的努力做好现在该做的事，过去的已然过去，将来还是未知数，没有必要过多考虑。

3. 可替代活动
（1）佛像与台阶（可替代活动1）。

【辅导要点】
通过听故事、想道理的方式引入主题。

【活动内容】
庙堂里供奉着用岩石雕刻的精致佛像，每天都有很多人踩着佛像跟前的石头台阶对佛像顶礼膜拜。终于有一天，台阶不服气地问佛："我们本是一块石头，凭什么人们都踩着我，而去朝拜你呢？"佛说："因为你只挨了一刀，而我经历了千刀万割。"我们体验到的多样的情绪亦是如此，只有经过丰富历练的人生才会更加有意义。

智慧讨论：
①你如何理解人生要经历多样复杂的情绪？
②为什么说经过丰富历练的人生才会更加有意义？举例说明。
③该以怎样的心态调节你的消极情绪？
（2）压力测量仪（可替代活动3）。

【辅导要点】
对小组交流总结出的压力情境进行评估，讨论衡量压力是否适度的基本标准，并对自己的压力情境感受进行评级，思考应对的有效方法。

【活动内容】
（1）将"心情对对碰"活动记录中的压力事件进行1~5评级，1为最低，5为最高。

（2）小组内交流：评价压力等级的基本原则；4级以上的压力情境应该如何应对。

（3）班内分享，每组组长代表发言，将本组讨论结果以条目形式概括呈现。

（4）教师总结。

4. 活动记录单

心情对对碰

压力事件	情绪反应	行为反应	事件结果
1			
2			
3			
4			
5			

小组讨论

总结常见的压力来源（压力出现的原因）：

_____

_____

压力情境中的常见情绪反应：

_____

_____

心情变压器

遇见未来的自己

自我认识

PSYCHOLOGICAL DEVELOPMENT LEARNING

一、活动目的

1.通过"色彩的秘密"活动，引导学生发现自身的感受和别人的评价之间的不同，理想自我和现实自我的差距。

2.通过冥想练习和自由书写，引导学生认真思考未来希望成为什么样的自己，将理想自我具体化，激励学生完善自我。

3.通过"未来的自己对我说"活动，引导学生思考如何才能拉近现实与理想之间的差距，珍惜时间，积极改变，强化自我完善的主动意识。

二、活动准备

1.依据场地条件和班级人数划分小组，每组8~10人，确定组长。

2.印制活动记录单（见活动素材库）。

3.制作足够多的黄、绿、蓝、粉、白彩色小纸片。

4.用于冥想的纯音乐，舒缓轻柔风格即可。

三、活动过程

【辅导要点】

热身活动，引导学生发现自己眼中的"我"和别人眼中的"我"的不同，"理想自我"和"现实自我"之间存在的差距，引出本课主题。

【活动时间】

15分钟。

（建议指导语：高中的学习与生活紧张而忙碌，随着年龄的增长、内心的成熟，很多同学都或多或少开始思考自己的未来，那么你希望将来的自己是什么样子的呢？理想与现实之间又相隔多远呢？这节课我们就一起来探讨一下这个话题。）

【活动内容】

（1）每个小组都有一盒由五种颜色组成的足够多的彩色纸片，每个颜色的纸片代表一个含义。

黄色：学习勤奋努力，榜样；

绿色：真诚自然，朋友；

蓝色：多才多艺，合作伙伴；

粉色：活泼乐观，玩伴；

白色：理智沉稳，可以探讨问题的人。

（注意：教师在准备彩色纸条以及与其匹配的特质时，颜色的选择和所代表的含义可以自行根据需要替换。）

（2）先将活动记录单中"色彩的秘密"栏目中的"我的预期"和"我的希望"填好，即我预期可以收到的每种颜色的纸条能有几张，我期望可以收到的每种纸条有几张。以小组成员的人数为总数分配每种颜色的票数，票数如何分全凭自己的感受和意愿。

（3）按照自己对小组同学的感觉，给每个组员送一张彩色纸片。

（4）各自统计自己实际得到的彩色纸片的数量。

（5）小组讨论。

①当你预期别人会给你某种颜色的纸条，但最后却没有得到时，你的感受如何？

②通过这些彩色纸条的反馈，你认为现实中的你和你期望的同学们眼中的你在哪些方面存在差距？

（6）班内分享：组长代表发言。

（7）教师总结。

【引导要点】

（1）自己眼中的"我"和别人眼中的"我"有差距是正常的现象。

（2）"现实的我"和"理想的我"必然会有差距。

（3）想要成为理想中的自己，需要付出努力。

活动 2：我对未来的自己说

【辅导要点】

通过冥想后的自由书写"我对未来的自己说"，引导学生明确"现实我"和"理想我"在哪些方面存在差距，进而明确自己的发展方向。

【活动时间】

15分钟。

（建议指导语：对于未知的自己，同学们或多或少都想过，今天，老师带领大家一起走近那个想象中的未来的自己。）

【活动内容】

（1）冥想练习（3分钟）。

（建议指导语：在冥想音乐背景下，想象未来的自己，3年后、5年后、10年后的自己，慢慢走来，他们是什么样的状态。）

（2）填写"我对未来的自己说"，自由书写，字数以及表达方式不限（3分钟）。

（3）小组内分享（4分钟）。

（4）每组选代表班内分享（5分钟）。

📋 活动3：未来的自己对我说

【辅导要点】

通过变换对话角度，帮助学生找出实现理想中的自我的具体方法，激励学生主动完善自我。

【活动时间】

10分钟。

（建议指导语：我们对未来的自己充满期待，这个期待中的自己回看现在，又会说些什么呢？）

【活动内容】

（1）冥想练习（2分钟）。

在冥想音乐背景下，想象未来的自己会对今天的自己说些什么呢？

（2）填写"未来的自己对我说"，自由书写，字数以及表达方式不限（2分钟）。

（3）班内自由分享（4分钟）。

（4）教师总结（2分钟）。

【引导要点】

（1）建构理想的自我是对当下自我的引领和激励。

（2）想成为什么样的人是会成为什么样的人的第一步。

（3）为了遇到未来的自己时少留或者不留遗憾，要不负时光，不负青春。

📖 活动 4：总结与延伸

【活动时间】

5分钟。

【活动内容】

（1）针对本节课某一个印象深刻的环节谈谈自己关于理想和现实、当下与未来的感受。

（2）选择精彩的自由书写作业制作一期主题板报或者班报展示。

四、活动素材库

1. 设计背景

随着青少年认知能力的发展，他们开始认真地审视自己，很多孩子会在内心构建一个更完美的自己，拥有更多的优点、更少的缺点。例如，不再懒惰、做事专注、更善交流，这就是理想中的自我。最初，理想自我的设定很容易从仰慕的熟人、文艺作品或电视电影的人物身上获得，其实理想自我应该是从现实自我延伸而来。理想自我和现实自我既矛盾又统一，理想和现实的距离给个体带来心理矛盾的同时也指明了发展的方向，即理想自我对自我发展具有导向作用。

高中生对于自我往往有着较高的期待，希望自己在学业能力、外在形象、人际关系、特长发展等各个方面都能有出色的表现，但往往空有理想却很难真正实现，或找不到正确的方法，或缺少改变的勇气。本课的设计正是为了引导学生正确看待理想自我与现实自我的距离，找到实现理想自我的方法，明确未来发展的方向，从而鼓励学生更加积极进取，为了成为更好的自己而珍惜时间，刻苦努力。

2. 理论支持

（1）自我概念。

著名的人本主义心理学家罗杰斯从现象学的角度出发，认为自我概念是个人自我知觉的系统，是个人体验到与所处环境发生关系的方式知觉，对一个人的人格发展和行为具有较深的影响。在《人本主义》一书中，罗杰斯将自我划分为实际的自我和理想自我，第一次正式使用"理想自我"的概念。他认为现实自我略低于理想自我，而理想自我是个体行为的向导和动力，当个体的现实自我和理想自我达到统一时，个体会体验到满足感，甚至是成就感；如果自我不一致，就可能产生不良情绪，甚至心理疾病。

（2）自我差异。

美国心理学家希金斯（Higgins）在吸取了前人关于自我研究经验和成果的基础上，于1987年的论文《自我差异：一项关于自我和情感的理论》中正式提出了他的"自我差异"（Self-Discrepancy）理论。

我国学者杜健以此理论为基础，从学业自我（语文、数学、英语等），生理自我（容貌、身体能力、健康等），心理自我（品德、性格、情绪情感等），社会自我（家庭关系、同伴关系、师生关系等），关联自我（生活态度、生活环境、理想、经济等）及总体评价六个维度了解青少年的自我差异。后人运用这一量表进行了大量研究，研究表明：理想自我与现实自我的差异越大，人的抑郁水平越高；而这种落差越小，学生的学业自我效能感越高。上述研究表明，正确看待理想自我与现实自我的差异，并通过实际行动缩小差距，既能够提高学生的心理健康水平，也有利于学生增强学业自我效能感，提升学习的信心，增强动力。

（3）设计自我。

设计自我就是在全面客观地了解和评价自我的基础上，给自己的将来创设一个目标体系，制定一个发展蓝图。20世纪90年代的美国流行一个公式：成功＝自我意识＋动机，告诉人们要想成功必须先对自己有个清醒的认识，确立一条适合自己的发展道路，再加上适宜的动机，理想终将得以实现。

指导学生学会设计自我，对其终身的发展都很有益处。设计自我其实就是一种自我承诺，一种对自己负责的正确态度。形成了命运掌握在自己手中的认识，有助于建立起积极而坚定的自我形象，体验自身存在的价值。设计自我可以明了自己的发展道路，而且走出的每一步都在自己的控制中，可以提高学生的自信心和自制力，做到自觉抵抗干扰，勇敢面对困难。在自行设计的目标体系的指导下，学习、工作和生活都会因为充实而变得愉悦，在目标一步步实现的过程中学生能够感悟出自我奋斗的深刻意义。

在设计自我的过程中，有许多环节需要注意，避免因过高的期望导致多次失败和挫折，影响身心健康。也要避免水平过低，对其自我发展失去意义。在自我设计过程中需要注意以下几点。

①认真进行自我分析，确立自己的兴趣、爱好和特长，在此基础上设立几个发展目标。做自己喜欢和擅长做的事会得心应手，也不要着急作最后的选择，因为还需考虑其他方面的条件是否允许。

②多方了解自己所期望的学绩水平或事业目标需要个体满足哪些基本条件，考虑自己的身心发展状况以及可提高的空间是否有可能实现理想。

③自我设计要切合实际，除了自身条件外，还需考虑环境和社会因素的限制。如果自我设计脱离了生活，就是空想，不具有任何价值。

④自我设计要具体明确，不能只是一个空架子。例如，"我要做个软件专家"，如果根本没有考虑如何才能成为现实，就只是一句口号，没

有意义。只有认真想好每一步，包括目前的学习状态如何调整；高考时选择什么样的专业；而后如何深造、实践，才可能获得理想中的职业和成就。虽然自我设计不是学习计划，不需要详细到每个星期、每一天如何做，但也需要有一个清晰的脉络，才有实际意义。

⑤自我设计的内容应涉及学业、职业和生活等与个体发展相关的方方面面。要将自我设计与学习计划的制定区别开来，促使学生广开思路，从各方面设计自己的未来生活，能卓有成效地激励起努力学习、不断进步的信心和勇气。

3. 替代活动

（1）我的现实和理想（可以代替活动2和活动3）。

【辅导要点】
通过填写现实和理想特质表格，觉察理想自我和现实自我之间的差距。

【活动内容】
教师可以提供设计好的表格让学生自行填写，并进行个性化的增补。也可以以分数的形式填表。比如每一个特征最低分是1，最高分是10，将相应分数填到空格内。之后计算理想和现实之间的分差，调整过高或者过低的理想期望。

	我确实如此	我希望如此		我确实如此	我希望如此
情感丰富的			友善的		
有幽默感的			灵活的		
自我节制的			自信的		
有责任心的			可靠的		

轻松自在的			勤奋的		
坚持己见的			懂事的		
有独立性的			聪明的		
胸怀大志的			可爱的		
精力充沛的			勇敢的		
值得信赖的			乐观的		

（2）未来发展设计图（可替代活动2）。

【辅导要点】

利用自我设计的相关知识，引导学生对未来的自己进行设计，将理想自我与现实自我联系起来思考，深刻认识理想自我是现实自我的延伸。

【活动内容】

填写自我设计表格。也可以请学生依照自我设计的要素自行设计表格。每组选出代表分享，在班内进行一次主题文化展示。

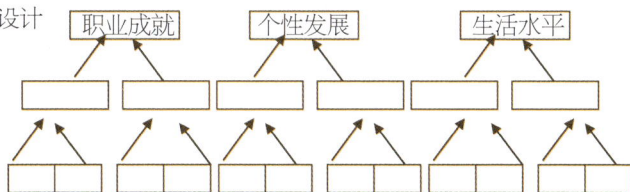

职业成就个性发展生活水平

理想的自我设计　　职业成就　　个性发展　　生活水平

发展过程

近期准备

4.活动记录单

色彩中的秘密

	黄色	绿色	蓝色	粉色	白色
我的预期					
我的希望					
我的实际					

我对未来的自己说

我对3年后的自己说，我希望你是：＿＿＿＿＿＿＿＿＿＿
＿＿＿＿＿＿＿＿＿＿＿＿＿＿＿＿＿＿＿＿＿＿＿＿＿。

我对5年后的自己说，我希望你是：＿＿＿＿＿＿＿＿＿＿
＿＿＿＿＿＿＿＿＿＿＿＿＿＿＿＿＿＿＿＿＿＿＿＿＿。

我对10年后的自己说，我希望你是：＿＿＿＿＿＿＿＿＿
＿＿＿＿＿＿＿＿＿＿＿＿＿＿＿＿＿＿＿＿＿＿＿＿＿。

未来的自己对我说

如果你要见到我，我希望今天的你：＿＿＿＿＿＿＿＿＿
＿＿＿＿＿＿＿＿＿＿＿＿＿＿＿＿＿＿＿＿＿＿＿＿＿。

形象大使选拔赛

自我认识

PSYCHOLOGICAL

DEVELOPMENT

LEARNING

一、活动目的

1.通过形象大使选拔规则的制定，引导学生全面认识自我，增强自我探究的兴趣。

2.通过形象大使的个人推荐，鼓励学生勇敢面对真实的自己，勇于表达对自己的认可与肯定。

3.通过竞选环节引导学生在全面认识自己的基础上，用积极的心态看待自身不足，做到悦纳自我。

二、活动准备

1.按照场地条件和班级人数划分小组，每组6~8人，确定组长。

2.印制活动记录单（见活动素材库）。

三、活动过程

📖 活动1：选拔赛准备——制定规则

【辅导要点】

通过共同制定班级形象大使评选内容，激发学生自我探究的兴趣，引导学生从多个角度全面认识自己。

【活动时间】

5分钟。

（建议指导语：各位同学，升入高二我们的学习和生活发生了一些变化，为了让我们的班级更团结、更积极、更有凝聚力，决定利用今天这节班会课讨论和评选能代表我们班风采的同学担任形象大使，在座的每一位同学都是候选人，希望每位同学都认真参与竞选活动，都有信心参加竞选！）

【活动内容】

（1）小组讨论：班级形象大使应该具备哪些特点？

（2）每个小组确定3个评选条件，班内集中。

（3）教师总结。

将每组提供的评选条件进行总结归纳，形成评选指南，填写在活动记录单的"班级形象大使评选标准"中。

【引导要点】

评选标准考虑的角度：学习成绩、身体素质、外表仪态、性格特征、气质风度、人际关系、特长才能、心理健康、优良品格、人生目标等。

活动2：选拔赛初赛——各展风采

【辅导要点】

学生通过对照评选标准，确定自己的得分情况，总结自身具备的优点，引导学生正视自身优点的同时在课堂上自我表达，以积极的心态参与班级活动。

【活动时间】

10分钟。

（建议指导语：每一个人都是候选人，我们先来自评自荐，请你从我们刚才共同制定的评比标准中确定自己具备的特点，看看自己在竞选班级形象大使上到底有哪些优势。希望你能够认真地填写，不骄傲也不谦虚，实事求是。）

【活动内容】

（1）填写我的竞选优势，3条以上。

（2）小组分享：组内的每位同学都向其他人介绍自己竞选的优势，每位同学分享之后，都请其他成员用热烈的掌声表达你对他（她）的肯定和鼓励。

如果有的同学无法确定自己的优势特点，则小组成员可以给出建议（注意引导学生互相尊重）。

（3）请组长统计本组得票最高的和最低的。

（4）班内统计：同学们的自我认同中最常见的角度和最少见的角度有哪些？

（5）自由发言，对于统计结果，你有什么感悟？

（6）教师总结。

【引导要点】

（1）自我肯定需要勇气。

（2）自我肯定并非全部肯定，而是要建立在全面认识和客观评价的基础之上。

（3）在我们的每一个发展阶段，普遍认同的角度会作为评价个体的的重要尺度，如高中阶段的学习成绩、特长才能、良好品质，以及外貌仪表等，但是这些并非全部。

（4）要用全面和发展的眼光看待自己和他人。

📖 活动3：选拔赛复赛——正视自我

【辅导要点】

通过思考分享自身不具备的特点，以及形象大使是否必须是完美的，引导学生全面地认识自己，勇敢面对真实的自己。

【活动时间】

10分钟。

（建议指导语：我们以这样的方式活动，是希望同学们能够认真思考自己的优点，自我发现的能力很重要。活动中我们可以看到，咱们班真是人才济济，但是我们找一找，有没有同学所有的方面都是优点呢？）

【活动内容】

（1）小组交流：我的不足之处。

当一位同学发言之后，希望其他小组成员能够用比刚才第一次交流时更热烈的掌声来鼓励他。

（2）班内交流：每组推荐诚恳自我分析的同学在班内和大家交流。

（3）教师总结。

【引导要点】

（1）每个人都不是完美的，都有各自的优点和不足。

（2）作为形象大使，不仅要看到自己的优点，也要正视自己的不足之处。

（3）鼓励开诚布公自我揭示的学生，敢于面对自己的不足，也是一种非凡的勇气和能力。

活动4：选拔赛决赛——悦纳自我

【辅导要点】

引导学生正确区分哪些不足是可以改变的，哪些是不易改变的，对于不易改变的要学会用积极的心态去面对。

【活动时间】

10分钟。

（建议指导语：除了发现不足，正视不足，我们更要努力去弥补和改变不足，不断完善自己。但是有些不足的地方是我们很难甚至无法改变的，又应当如何面对呢？）

【活动内容】

（1）继续完成活动记录单上的特点评估，正确区分可以改变的、不易改变以及无法改变的不足，如果不能确定，可以和组内同学讨论。

（2）在活动记录单上完成第三项"悦纳自我"部分的填空。前面一个空填写一个自己很难改变的不足，后面的空则写上自己的一个最为突出的优点。

（3）与同学一起分享。

（4）教师总结。

【引导要点】

（1）敢于探索和直面自己，并且能够勇于改变不足的孩子，都魅力无限。

（2）改变接受不了的，接受改变不了的。

（3）做一个对自己负责任的人，我们为自己的形象代言。

四、活动素材库

1. 设计背景

高中生常常会因为自己身上的缺点或出现的问题而烦恼，惯常使用两种错误的应对方式：一是夸大缺点的影响，甚至泛化，产生自卑心理，如"我这个人胆子太小了，一上台就紧张得说不出话，我干什么都不行，我是个没用的人"。二是寻找借口掩盖缺点，不愿接受，更拒绝改变，如"我这次没考好，老师批评我没努力，我就是不想努力，老师讲得不好，讲什么都讲不透，还出这么难的题，我努力也没用"。

本课的主要目的是引导高中学生正确地看待自身的优点和缺点，勇敢面对真实的自己，努力改变的同时也要学会悦纳当下的自己，以更加积极自信的态度完成自我成长的任务。

2. 理论支持

（1）自我悦纳是自尊的重要组成部分。

"自我悦纳"是衡量个体心理健康的一条重要标准，指的是无条件地、全面地、愉快地接受自己所有的内在品质和外在特征，包括好的和不好的、成功的和失败的、喜欢的和厌恶的，这也是发展健全的自我意识的核心和关键。

自尊是自我意识的一个重要组成部分，诸多心理学流派研究认为，自尊一部分建立在个体对自己能否克服种种困难与障碍达到目标的评价之上，即自我技能；另一方面，自尊还源于个体对自己在环境中重要性的体会，来自周围人尤其是重要他人对自己的接纳和排斥的反应的评价体验，即自我悦纳。因此，Tafarodi & Swann将自尊分为自我技能和自我悦纳得到了心理学研究者的广泛认可。

（2）自我悦纳的意义。

一个人是否能够顺利地发展，实现自己的人生价值，关键要看自己对自己的态度。积极的自我观念，是成功的重要前提。学会接纳自我具有以下重要意义。

①自我悦纳有利于个性全面均衡的发展。

自我悦纳的人既能够看到自身的长处，又能看到自身的短处。对于缺点和不足并不以消极的态度和行为方式去应对，而是不断努力，主动调整和提高，这将有利于改变个性结构中的不良特征，使个性能够全面均衡的发展。

②自我悦纳有利于身心健康。

健康快乐就具有自我悦纳的特征，自我悦纳也能够营造乐观积极的心境，保证身体和心理均处在正常的状态。如果一个人不能接受自己，充满哀怨，自责甚至厌恶、否定自己，会导致持久性的消极情绪的产生，容易产生身心疾病。

③自我悦纳可以帮助个体培养自信、自强、民主、自立等优良的心理品质，促进自我发展和自我完善。

（3）实现自我悦纳的途径。

①客观评价自我，既要看到优点，也要看到不足。

②认真思考自身优点的价值及如何在学习生活中发挥优势。

③借助自身优势帮助他人，提高自我效能感。

④坦诚勇敢面对自身缺点，对于可以改变的积极探索改正的方法，并在取得进步后及时给予自己鼓励。

⑤对于无法改变的不足学会坦然接纳自己的不完美，并尝试用积极幽默的方式看待它，如我长得黑是因为太阳总能在第一时间照到我。

（4）要想做到自我悦纳，必须做好以下几项工作。

①通过有效渠道全面深刻地了解自我。

有些学生不接纳自己，是因为自认为没什么优点，缺点却很多。其实每个人都有优点和长处，有时需要挖掘，所以多听听他人的观点，多参加些活动，对自己的看法就会乐观积极得多。

②正确看待自身的特点。

需要让学生认识到人与人之间本来就各不相同，因为"天下没有两片相同的树叶"，要珍惜自己的独特，哪怕是弱点和不足，都是完全属于自己的特色。只要我们一直在努力让自己变得更完善、更优秀，一丝不苟地走自己的路，哪怕结果不尽如人意，也没有什么可追悔和遗憾的。

③分清理想的自我和现实的自我。

每个人都希望自己是完美的，无论是外在的特征还是内在的品质，都希望超越别人，成为佼佼者。但是人无完人，我们总会有所欠缺，理想当中的自己和现实当中的自己会有较大差异。在日常生活当中，一定要分清想做的和能做的，理想中的和现实中的。我们应该朝着理想中的自我努力，不管怎样，相信自己的明天会更好。

④做自己的主人。

在美国的一个黑人教堂的墙上刻着一句话："在这个世界上你是独一无二的一个，生下来你是什么这是上帝给你的礼物，你将成为什么这是你给上帝的礼物。"你将成为什么，这个权利掌握在自己的手中，要学会做自己的主人。在接纳自己原有的一切特征的基础上进行自我塑造，面对自己的独特满怀喜悦，让自己成为一个敢于自我剖析的强者。

3. 替代活动

（1）美文赏析（可替代活动1）。

可以作为热身活动，引入主题。

美国作家黛比·福特（Debbie Ford）在《接纳不完美的自己》一书中写道：荣格曾问，你究竟愿意做一个好人，还是一个完整的人？

事实上，我们的每个缺点背后都隐藏着优点，每个阴暗面都对应着一个生命礼物：好出风头只是自信过度的表现；邋遢说明你内心自由；胆小能让你躲过飞来横祸；泼妇在有些场合是解决问题的最好方式……阴暗面也是生命的一部分，只有真心拥抱它，我们才能活出完整的生命。

（2）寻找完美（可替代活动1）。

【辅导要点】

通过完善故事情节，启发学生意识到我们每个人都不是完美的，有着各自的优点和缺点。

【活动内容】

（建议指导语：在这节课开始之前，我要给大家讲一个小故事，这是一个未完成的故事，希望大家能够帮助我一起把故事的细节补充完整。）

①分享故事，头脑风暴。

有两个好朋友，他们合伙开了一个餐馆，餐馆生意越来越好，他们决定招聘一个服务员。最初，一个年轻的小伙子来到了店里，他刚刚从老家来到城里，非常努力，可老板没有录用他，你们猜为什么？（缺少工作经验）后来，一位有着20年餐馆工作经验的大姐来应聘，试用期过后，老板也没有录用她，你们猜为什么？（经验丰富，要求工资太高）再后来，一个有着8年餐馆工作经验、工资要求也不高的女士来应聘，试用期过后，老板依然没有录用她，为什么？（家里孩子年纪小，经常请假）

②思考感悟，引出主题。

为什么两位老板始终没有找到他们想要的服务员呢？（要求得太多了，总是在追求完美）

正如大家所说，世上不会有完美的服务员，我们每个人都有着各自的优点和缺点，都不是完美的。不完美并不可怕，可怕的是我们不愿意接纳不完美。

4.活动记录单

班级形象大使选拔标准

我的意见	小组的意见
1.	1.
2.	2.
3.	3.
4.	4.
……	5.
	6.
	7.
	8.

形象大使选拔标准汇总与自我分析

班级形象大使标准	自我评价（具备的画√，不具备的画×）	理由陈述（为什么具备或者不具备）	完美度评级（A.非常好；B.可提升；C.难改变）
1.			
2.			
3.			
4.			
5.			
6.			
7.			

8.			
9.			
10.			
11			
12.			
13.			
14.			
15.			

悦纳自我

1. 尽管我_____，但是我_____。

2. 尽管我_____，但是我_____。

3. 尽管我_____，但是我_____。

4. 尽管我_____，但是我_____。

5. 尽管我_____，但是我_____。

与师同行

人际关系

PSYCHOLOGICAL
D E V E L O P M E N T
L E A R N I N G

一、活动目的

1.通过"师缘摩天轮"活动，分析师生关系类型的不同特点，正确认识师生关系间存在问题和矛盾的合理性。

2.通过"老师喜欢谁"活动分析被老师喜欢的学生的特征，正确理解师生关系的亲与疏。

3.通过"与师同行"活动，探讨与老师相处和交流的有效方法，主动走近老师，为建立良好的师生关系作出积极努力。

二、活动准备

1.按照场地条件和班级人数分组，每组6~8人，确定组长。

2.印制活动记录单（见活动素材库）。

3.制作抽签，每个签上写上一个学科的名称。

三、活动过程

📖 活动 1：猜猜会是谁

【辅导要点】

通过人物素描的方式，完成对相应学科老师的人物肖像描述介绍，看看学生是否真正熟悉自己的老师，导入主题。

【活动时间】

10分钟。

（建议指导语：同学们，我们大部分时间在学校度过，与我们接触最多的除了同学就是老师了，那么你对自己的老师有多熟悉呢？我们通过一个小游戏考量一下！）

【活动内容】

（1）将学科制成抽签，每组抽取一个学科，讨论任课教师的典型特征，进行人物肖像描写，注意不能向其他小组暴露学科、姓名等信息，讨论时声音要尽可能小。

（2）组长发布谜面，其他组来猜。

（3）票选最简洁和最精彩肖像描写，颁发小礼物。

（4）教师总结。

【引导要点】

（1）老师是我们生活中的重要他人，通过同学们对老师的描述不难看出，实际上我们对老师的了解大多是外部特点。

（2）如何能够与老师和谐相处是影响学校生活质量的一个重要因素。

【辅导要点】

通过师生关系类型选择与分析，分析和认识师生关系中存在的矛盾往往有其客观原因。

【活动时间】

15分钟。

（建议指导语：多年来的学校生活，你遇到过很多的老师，无论他们给你留下的记忆是好是坏、是深是浅，都是"师缘"。师生之间的交往，可以分作很多类型，从学生的角度分类，你与老师相处的类型是什么呢？这可以在很大程度上解释你与老师们有着怎样的缘分。）

【活动内容】

（1）学生与老师之间的交往基本可以分为以下八种状态（可以用幻灯片呈现，也可以制成小表格发给学生）。

①理智型：多角度评价老师，远近适度。

②公平型：对待老师一视同仁，无所谓好坏。

③亲密型：和老师非常亲近，像朋友或亲人。

④支持型：对老师的工作都非常支持配合。

⑤情绪型：与老师相处比较情绪化，容易有冲突。

⑥偏心型：对老师有明显偏爱，与不喜欢的老师矛盾或冲突。

⑦疏远型：只要是老师均敬而远之。

⑧评价型：按照自己的原则评价的旁观者。

（2）选择跟你最接近的一种，在记录纸的"摩天轮"上相应的圆圈里画个表示你的小人儿。

（3）小组讨论。

师生关系类型中：冲突最少的是什么类型、冲突最多的是什么类型？为什么？

关系很近的是什么类型？关系很远的是什么类型？为什么？

（4）班内汇总意见。

（5）教师总结。

【引导要点】

（1）就这八种状态而言，师生冲突最少的类型是①和②；师生冲突最多的是⑤和⑥；师生关系最好的是③和④，关系最淡的是⑦和⑧。

如果①②③④彼此混合，与老师结善缘的可能性就大；而如果⑤⑥⑦⑧彼此混合，就很可能是相反的效果了。

（2）师生关系如何，与同学们自身的师生交往风格密切相关。每一种师生关系都有其特点和容易出现的问题，师生关系存在必然的冲突和矛盾。

📖 活动 3：老师喜欢谁

【辅导要点】

通过活动让学生了解老师对学生的基本态度，引导学生对照自身的特点理性看待与老师之间的亲与疏，调整自己的不合理认识和不当言行，从而增进师生关系的良性发展。

【活动时间】

10分钟。

（建议指导语：大家与老师交往的过程中会发生各种事情，有快乐的，也会有摩擦的。我们都想有一个良好的师生关系，其实老师也一样。你知道老师喜欢什么样的学生吗？这里有一份调查结果是否和你的想法相同。）

【活动内容】

（1）自由讨论：你认为老师喜欢什么样的学生？

（2）提供资料：老师喜欢谁（可以用幻灯片呈现，也可以印制成小表格发给学生）？

①热心班级活动，对工作认真负责；

②聪颖、爱独立思考，努力学习；

③持重、耐心，忠厚老实；

④热情、开朗、喜欢交往，待人真诚且乐于助人；

⑤尊重他人，关心他人，富有同情心；

⑥独立又谦逊的品质；

⑦有幽默感，宽容；

⑧大方、端庄、整洁；

⑨有多方面的兴趣爱好；

⑩随和，容易原谅他人的过错。

（3）对照条目，确定自己有几项是符合的。

（4）小组交流：这份调查结果中，有哪几项与自己之前的想法不一样。

（5）班内交流。

（6）教师总结。

【引导要点】

（1）不同风格的老师喜欢不同的学生是正常现象。

（2）无论什么风格的老师，对于品行端正、有修养、性格均衡稳定、能力强和知道努力的孩子都会喜欢，老师并非只是喜欢成绩好、有能力、会说话的学生。

活动4：与师同行

【辅导要点】

通过对活动2、活动3的总结分析，引导学生客观看待师生关系，明确高中阶段师生关系需要更为成熟的视角，唯有与老师相伴而行方能顺利完成高中学业。

【活动时间】

10分钟。

【活动内容】

（1）小组讨论。

①通过活动2和活动3，我们应该如何看待师生关系？

②如何维持良好的师生关系？

（2）班内分享，组长发言。

（3）教师总结。

【引导要点】

（1）老师不可能是完美的。

"好老师"有不同的内涵。老师是普通人，"完美主义"的要求对任何人而言都不合理。

（2）师生关系存在很多固有的矛盾，如约束与被约束。

（3）民主的师生关系，老师也有权威性；建设性的师生关系，老师是平等中的首席。

（4）主动沟通和交流是良好师生关系的基础。

四、活动素材库

1. 设计背景

随着身心的加速发展，高中生心理发展的水平迅速接近成人，内心冲突的表达由外显走向内隐，观念和看法更为明确，引领和辅导的难度明显增加。师生关系对高中学生的影响更加深远。由青涩迈向成熟的成长任务跟师生关系紧密相连，高中生对"成年角色"的质疑很多源自不良的师生关系。如何客观地看待师生关系，怎样理智面对和解决与老师之间的误解、矛盾和冲突，进而学会辩证地看人看事，合理地待人做事，不但有助于高中生顺利完成学业，更有益于适应未来完全独立的社会生活。

本节班会课旨在帮助学生客观看待高中阶段的师生关系，深入分析与老师的交往中存在的固有问题及其合理原因，朝向更加理智地思考和解决问题方面发展，对整个高中生活以及今后的独立生活都有助益。

2. 理论支持

（1）不良师生关系类型。

师生关系会影响学生的学习效果，目前在学校中常见以下3种不良的师生关系：

①紧张型。

这类师生关系容易发生矛盾。一般来说，这种关系主要发生在老师与一些行为习惯不太好的学生之间。这些学生平时经常违反规律，老师对他们的教育屡不见效，所以一看到他们就容易说教或指责。再加上有的老师对学生不够耐心，教育方法比较简单、生硬，经常抱怨学生和家长。有的学生遇事比较容易冲动，稍有不顺就会强烈地表达不满。这样，学生与老师之间的矛盾会更加激烈，长期下来造成心理紧张，彼此对立，问题难以解决。

②亲密型。

这类关系主要发生在老师与一些自己喜欢的"学生"之间。这类学生平时学习成绩较好，比较守纪律，听老师的话，大多是班干部。老师与印象好的学生之间关系比较亲密，所以容易忽视他们的缺点，即使发现了问题，批评也不严厉，很有可能会忽视对他们的教育，因为纵容反而容易使他们形成一些不好的行为习惯或态度。

③冷漠型。

这类关系主要出现在老师与中等学生之间。在一个班级当中，较好的和较差的学生最容易受到老师的关注，而处于中间的学生常常被忽视。这类学生渴望被老师注意，与老师进行沟通，却很难得到满足。久而久之就形成了无所谓的态度。他们对于老师的要求敷衍了事，容易丧失追求上进的信心。

（2）师生关系常见问题。

①学生对教师的信任度低。

师生之间的信任是学习活动正常进行的基础。由于教师在学生面前所扮演的是一个具有权威性的角色，很容易使学生产生可敬而不可亲的感觉。针对这样的问题，优秀的教师能通过各种形式与学生进行沟通，拉近彼此的关系，取得学生的信任。而那些看起来严厉而不尊重学生的老师，只会在一次次对学生的指责中逐渐失去学生对自己的信任。

②师生之间存在代沟。

一般来说，学生和老师之间存在一定的年龄差距，所以代沟的出现也是一种正常现象。因为年龄的不同，老师与学生在思想观念、兴趣爱好、行为习惯等方面存在差异，如果沟通不畅，也会产生一定的矛盾，造成彼此不容易相互理解和接纳，进而影响师生关系。

③教师对学生的偏低评价。

教师对学生的评价是一种主观的评价，它常常会受第一印象或者成绩的影响。一些同学由于成绩不好，教师对他的其他方面的评价也会相对的偏低。而学生往往特别在意教师对自己的评价，当教师对他们作出过低的评价时，必然会造成情绪低落，有的还会对老师心存不满，久而久之可能会形成敌意，从心理和行为上逐渐疏远与排斥老师。

④学生或教师的不良个性特征给师生关系带来消极影响。

不管是学生还是教师，如果自身存在某些不良的个性特征，都会影响师生之间的正常交往。比如有的教师存在偏激、易怒、刻薄或情绪化等不良个性特征，学生可能就会对其产生害怕或厌恶的情感，最终被学生疏远；有的学生比较自卑，遇事容易退缩，对人易产生敌意等，这些都会使老师对其形成不良印象，进而产生负性的情感态度。

⑤教师过于严厉导致师生关系紧张。

随着社会竞争的日益激烈，学生的学习压力也相应增加。有的老师过于看重学生的成绩，为了让学生提升成绩，对学生采取过激的方法，使得学生学习压力过大。这可能会激发学生的逆反心理，增加师生间的矛盾。针对这样的问题，我们一方面要让教师改变观念和方法，另一方面要让学生理解老师的本意。

（3）怎样对待老师的批评。

①态度诚恳。

被老师批评，大多是因为违反了纪律，即使存在误解，学生也不会一点儿错误都没有。所以被老师批评的时候，最好是先承认自己的错误，理直气壮地辩解，推卸责任，这样只会使老师更加反感。另外，有的学生在承认错误的时候，喜欢避重就轻，回避主要问题，专挑细枝末节说个没完，这也是一种不诚恳的表现。

②尊重老师。

老师对学生提出批评，大多是为了学生能尽快改正错误，无论是出于对集体还是对学生个体的考虑，一定有相应的理由。被老师批评的时候，低着头一声不吭，对于老师的话无动于衷，甚至是一副满不在乎的表情，这样的身体语言明显是对老师的不尊重。更有甚者直接顶撞老师，这些都是不应该的，会使原本的小问题变大。

③委婉解释。

有时老师对事情的真相没有了解清楚，在批评时冤枉了一些同学，学生这时肯定会感到很委屈。但是学生要考虑解释的场合、时机和方式，不应该在大庭广众之下就与老师顶撞或指责老师，让老师下不了台，同时也影响他人上课。此时比较好的处理办法是先保持沉默，事后再去向老师说明情况。一般情况下，老师都能认真地再去了解情况，澄清误会。

3. 可替代活动

（1）我学你猜（可替代活动1）。

可以请学生代表模仿所抽取到的任课教师的特点，不允许使用语言，让其他组成员猜模仿的是谁。用时最短的同学获胜。

（2）听故事，想问题（可替代活动3）。

【辅导要点】

通过班内出现过的师生矛盾冲突案例分析认识合理解决师生问题对学生个体成长的重要意义。

【活动内容】

教师可以出示班上常见的师生冲突方面的案例，教师引导学生思考：

①为什么会出现这样的问题？（从学生和老师两个方面去讨论）

②如果你是学生会怎么做？为什么？

③如果你是老师，希望学生怎么做？

分析要点为怎样对待老师的批评（见理论支持）。

4. 活动记录单

猜猜会是谁

我们抽到的是_____科老师

我们的肖像描写是：

师缘摩天轮

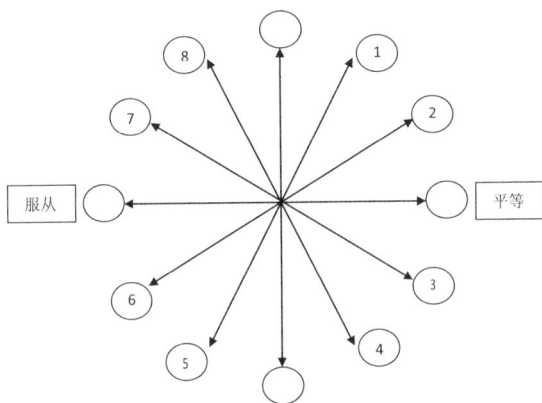

老师喜欢谁

①我认为老师喜欢什么样的学生？

（可写代码）＿＿＿＿＿＿＿＿＿＿＿＿＿＿＿＿＿

②看到材料后的自评：

满分10分，我的几分？＿＿＿＿＿＿＿＿＿＿＿＿＿＿

与师同行

①通过活动2和活动3，想一想我们应该如何看待师生关系？

＿＿＿＿＿＿＿＿＿＿＿＿＿＿＿＿＿＿＿＿＿＿＿＿＿＿

＿＿＿＿＿＿＿＿＿＿＿＿＿＿＿＿＿＿＿＿＿＿＿＿＿＿

＿＿＿＿＿＿＿＿＿＿＿＿＿＿＿＿＿＿＿＿＿＿＿＿＿＿

＿＿＿＿＿＿＿＿＿＿＿＿＿＿＿＿＿＿＿＿＿＿＿＿＿＿

②如何维持良好的师生关系？

＿＿＿＿＿＿＿＿＿＿＿＿＿＿＿＿＿＿＿＿＿＿＿＿＿＿

＿＿＿＿＿＿＿＿＿＿＿＿＿＿＿＿＿＿＿＿＿＿＿＿＿＿

家的天空

人际关系

PSYCHOLOGICAL DEVELOPMENT LEARNING

一、活动目的

1.通过"天空变奏曲"和"家的天空"活动，将家庭气氛与天气变化相结合，引导学生意识到亲子矛盾的普遍性。

2.通过"天气分析师"活动，引导学生以辩证的视角看待家庭关系和家庭氛围，对家庭与自己的关系有更理智、更客观的认识。

3.通过"天气改良计划"，以互助讨论的形式梳理如何正确处理家庭关系中存在的矛盾和冲突，学会更好地与家人相处，为家庭和谐贡献自己的力量。

二、活动准备

1.按照场地条件和班级人数划分小组，每组6~8人，确定组长。

2.黄、绿、红、黑彩色笔，每组两套以上。

3.印制活动记录单（见活动素材库）。

4.准备舒缓的背景音乐。

三、活动过程

📋 活动1：天空变奏曲

【辅导要点】

热身活动，活跃课堂气氛，引出课堂公约，导入主题。

【活动时间】

5分钟。

（建议指导语：提到"天空"你能想到什么？蔚蓝的，白云朵朵。然而，天空不会一直如此，它是变化无常的，今天我们先来做一个"天空变奏曲"的小游戏，看看你的反应能否跟得上天空的变化。）

【活动内容】

（1）指令与动作（简单练习）。

①"太阳"：双手向上伸直。

②"阴天"：双手交叉，怀抱胸前。

③"雷声"：跺脚5次。

④"小雨"：双手手指互击5次。

⑤"中雨"：拍掌5次。

⑥"狂风暴雨"：既拍掌又跺脚5次。

（2）教师朗读下面一段文字，学生听到指令做相应动作（注意：尽可能绘声绘色地朗读课文，语速可以忽快忽慢，增强活动效果）。

清晨起来，天气不错，看到蓝天和太阳。可是慢慢地，起风了，乌云压来，变成了阴天。乌云越来越密，下起了小雨。忽然，一道闪电划过天空，雷声由远及近。又一道闪电，雷声大震。雨点儿噼里啪啦的，小雨变成了中雨，路上行人四处躲避。很快，中雨变成了狂风暴雨。轰！又出现了雷声，雨越来越大，什么时候这狂风暴雨才能停止呢？幸好，渐渐地，雨变小了，刚才还是狂风暴雨，现在变成中雨了，又变成了小雨……忽然，又一阵雷声，不过，很快雨过天晴了，太阳又出来了！

（3）教师总结。肯定学生的认真参与，引入主题。

（建议指导语：天空的变化是自然现象，虽然常常令我们措手不及，但是因为是寻常的现象，并不会觉得奇怪或者难以应对。然而有些天空的变化却很可能给我们带来困扰，甚至烦恼重重，如家的天空。）

📖 活动 2：家 的 天 空

【辅导要点】

通过绘制"家的天空"饼图，分析并呈现自己的家庭环境状态，引导学生直观地认识到每一个家庭都是不同的，同时也是类似的，有风和日丽，有阴云密布。

【活动时间】

15分钟。

（建议指导语：每个人的家庭都是一个小世界，每个小世界都与众不同。在我们的小世界里，天空是什么样的呢？下面的活动，要呈现出来的正是家的天空。）

【活动内容】

（1）在活动记录单"家的天空"一栏里，有一个空白的饼图，假设这个圆圆的图形就是家的天空，请同学们用彩色笔，绘制自己的"家的天空"气象图。

（2）按照颜色含义绘制，每种颜色所占的比例，代表家的天空相应状态存在的比例，对于具体的绘制方法不做要求，可以是条形的，也可以是色团；可以依次绘制，也可以有所交叉。

颜色含义：

黄色：晴天。（欢乐共处）

绿色：小雨。（偶有摩擦）

红色：狂风暴雨。（激烈冲突）

黑色：阴天。（抵触压抑）

（3）绘制时间3分钟，完成的小组即可以组内交流（绘制时放背景音乐，教师要了解学生绘制的情况，对图案特殊的学生及时关注，如只有单一色彩的饼图）。

（4）自由发言：看到伙伴们绘制的"家的天空"饼图，你有什么感触？

（5）教师总结。

【引导要点】

（1）肯定学生在绘制过程中的认真态度和独特创意。

（2）每一个天空都不同，每一个天空都色彩斑斓。

（3）再幸福的家庭也有阴雨，再寒冷的家庭也有温暖。

📖 活动 3：天气分析师

【辅导要点】

针对家庭可以带给我们的幸福美好和身心伤害进行讨论，澄清与家人相处过程中，需要以辩证的视角来分析和评价。

【活动时间】

15分钟。

（建议指导语：大家是朝夕相处的伙伴，但是功课繁忙，对彼此的生活状态也许了解不多，正如刚才你看到的各种家的天空。有的孩子很幸运，家庭生活幸福，有的孩子则常常会受到家庭的伤害。我们无法选择家庭，正如无法改变天气，但是作为高中生，面对任何境况都可以分析规律，理性面对，合理解决，有效调整。）

【活动内容】
（1）小组讨论，组长记录和归纳，时间5分钟，播放背景音乐。
讨论题目：
①小组同学的"家的天空"绘图中，哪种你认为是美好的？为什么？
②你认为哪种颜色的天空中，孩子是最容易受伤害的？为什么？
（2）班内分享，组长代表发言。
（3）教师总结。
结合学生发言进行总结。

【引导要点】
（1）家的天空未必只有晴天才好，也不可能做到只有晴天。
（2）不同的人对于什么是幸福的家庭理解不同，要求自然也不相同。
（3）家庭的伤害不可避免，关键在于我们如何看待和应对。
（4）过多的激烈冲突和抵触压抑对孩子的成长最为不利。

📋 活动4：天气改良计划

【辅导要点】
讨论高中生家庭生活中常见的问题及如何合理应对，引导学生认识到优化家庭环境家庭成员人人有责。

【活动时间】
10分钟。

（建议指导语：家的天空是可以得到改良的，正如科学家也有方法控制极端天气一样。我们集中大家的智慧，探讨作为家庭中重要一员，怎样做可以对家庭环境的改良有所贡献。）

【活动内容】

（1）小组讨论，组长记录和归纳，时间4分钟，播放背景音乐。

讨论题目：

①家庭生活中常见的矛盾冲突是什么？

②如何减少矛盾冲突？出现不可避免的冲突如何应对比较适当？

（2）班内分享，组长代表发言。

（3）教师总结。

结合学生发言进行总结。

【引导要点】

（1）家庭冲突经常与孩子有关，当然也有成年人自身的问题。

（2）家庭冲突的原因与亲子关系类型、孩子的学习状态、生活习惯及社会活动密切相关。

（3）与父母和其他长辈相处，基本原则是尊重、理解、耐心及求同存异。

（建议指导语：无论如何，家庭都是每个人赖以成长、休养生息的港湾，无论我们如何评价自己的家庭，真心对待家人，理性面对冲突，是获得幸福美满生活的必要前提。）

四、活动素材库

1. 设计背景

高中阶段的学生，认知水平和自我意识均接近成年人，自主独立性也越来越强，对于家庭的依赖也在逐渐减少，希望有更多的自主空间，家人的过多关心和管理容易令其感到束缚，会明确反对父母的干涉和控制，亲子关系中常见的问题是冲突频发，或者关系疏远。同时，高中生也更加理性，他们的家庭责任感更强，对父母、家人之间的关系有更敏锐的洞察力，能更深地理解，以及更为成熟地介入。

本节心理班会课主要目的是引导学生思考和评价自己的家庭氛围，同时了解和认识家庭生活中普遍存在的问题，以客观、理性的视角探讨家庭关系中的常见问题，思考作为家庭中重要的一分子，自己所扮演的角色和承担的责任。

2. 理论支持

（1）亲子关系类型。

在中学阶段，家长与学生之间最容易发生矛盾，而矛盾的产生往往是因为子女与父母之间存在不良的关系结构。一般来说，中学生与父母的关系可以划分为以下四个类型：

①顺从型。

顺从型家庭的孩子在遇到事情的时候，从不自作主张，一切都习惯听从父母的安排。即使父母的安排是错的，或者安排与自己的意愿不相符，他们也会违心地去完成要求。这样的孩子很少与父母发生矛盾，表面看起来似乎很听话，但是却不利于孩子的成长。因为习惯性地依赖父母，没有自己的主见，独立性差，他们将来走入社会之后会表现得胆小怕事，人云亦云，难以完成重要任务。

②疏远型。

疏远型家庭的孩子不太重视与父母的情感联系，大多出现在问题家庭。他们不愿意将自己的事情告诉父母，跟父母比较陌生，像一个局外人一样。这样的孩子更需要培养他们与父母的感情，加强彼此的联系。

③亲密型。

亲密型家庭的孩子与父母的关系是比较自然和谐的。他们能够将自己的想法表露出来，与父母共同商量，解决。所以这类孩子具有比较强的交际能力，遇到矛盾时能够比较灵活地处理。但是这类孩子当中可能有一部分会对父母比较随便，缺乏对父母长辈的尊重。

④独立型。

独立型家庭的孩子比较尊重父母，听从长辈的教导，但又有自己的主见。他们遇到问题的时候敢于承担责任，独立决定并处理问题，并希望得到长辈的支持和理解。但是如果父母的反对或干预过多，他们也会与父母发生矛盾。

对于一个家庭来说，并不会是单纯的某一种类型，往往是多种类型的混合体，只是某种类型更突出罢了。孩子在与父母相处的过程中，应该充分发挥各种类型的优势，克服不足，让亲子关系的互动更加和谐。

（2）高中生理想中的父母。

高中生对于自己的父母总有一定的期待，希望父母能像理想中的那么好。以下是大多数高中生对父母的普通期望。

①关心、爱护孩子，但不要过多宠爱。更多的高中生希望父母尊重自己的想法，相信自己能够处理好一般的事情，给自己独立自主的机会。

②给孩子尊重、理解，不要过多体罚。渴望父母能理解自己的思想和情感，渴望父母尊重自己的人格和权利。面对家长简单粗暴的教育方法，孩子往往会感到很反感，他们常常会用"冷战"的方式去与父母对抗。久而久之就破坏了亲子之间的关系。

③多给孩子鼓励表扬，不要过多地批评。希望父母多给自己一些鼓励，在自己失败时少一些批评，多一些帮助，这样自己能更快地走出困境。希望他们能就事论事，不伤害孩子的自尊心。

④给孩子信任自由，不要过多干涉。不要过多干涉自己的行动，能给自己一定的自由活动空间，让他们自己安排生活和学习时间，能够自由地和同学朋友交往。

⑤给孩子平等自主，不要权威压人。高中生普遍认为自己已经是大人了，希望父母不要把自己当作小孩子看。

（3）中学生与父母沟通时的注意事项。

①尊重父母。

尊重父母是与父母沟通最基本的要求，也是一种做人的美德。每个人都希望别人能够尊重自己，父母也一样。如果在沟通中能做到这一点，那么即使分歧再大，双方也能有机会心平气和地进行交流，最终才有可能解决问题。

②理解父母。

父母大多都会非常关心自己的孩子，所以每一次与孩子交流的出发点都是好的。当发生冲突的时候，多从父母的角度去考虑问题，他们可能语气不太合适，处理问题的方法有些不妥，但是出于为孩子着想。如果孩子能够想到这一点，以积极的方式去面对，结果就会好很多。

③耐心解释。

有效的沟通需要双方明确地了解对方的想法，与父母沟通也是一样的。作为孩子，需要将自己的想法明确地告诉父母，这样大家才能相互理解。如果孩子一味赌气，把想法埋在心里，那么亲子之间的隔阂会越来越深。

④求同存异。

有时亲子之间的交流就是存在不一样的想法，不能说谁对或者谁错，只是各自的立场不同。我们不应该一定需要父母转变观念，与自己统一观点，完全可以大家各让一步，形成一致的决定，这样要比彼此各执一词、互不退让好。

3. 可替代活动

（1）超级问答（可替代活动1）。

【辅导要点】

通过活动引导学生思考自己对父母的了解远不如父母对自己的了解多，不了解父母的不仅仅是外在的特征，更多的是内在的需求。

【活动内容】

每组选派1名代表参加快速问答游戏，共10个题目，听到后迅速写出答案，不可停顿，没有确切答案的题目可以放弃。限时2分钟，选出回答速度快、答案完整的同学，可以得到小礼品。（提示：可以在黑板上划分答题区，请全体同学做评委）

在答题之前先提醒参赛同学，问题与对父母的了解有关，先确定自己回答父亲的信息还是母亲的信息。本着对爸爸妈妈负责的态度，请同学们一定要实事求是！

参考题目：

①职业类型；

②生日；

③最大的业余爱好；

④喜欢的颜色；

⑤喜欢的水果；

⑥喜欢吃的主食；

⑦喜欢的运动项目；

⑧最好的朋友；

⑨最害怕什么；

⑩鞋号多少。

（2）幸福小船（可替代活动3）。

【辅导要点】

通过衡量家人给自己的幸福和自己给家人的幸福的量和质，体验家庭对于自身的意义，以及家庭成员彼此之间互相给予支持、理解和鼓励的重要意义。

【活动内容】

结合实际生活填写"幸福小船",船舱的左侧是家人给自己的幸福与快乐,船舱的右侧是自己给家人的幸福与快乐。

分析小船左右承载的平衡性。父母家人倾向孩子是正常现象,人类的感情就有向下倾斜的特点。不过,长大了的孩子对家庭负有责任,不能够让小船过度倾斜下去,那样家的小船迟早要遇到风险。

（3）亲子类型评测与分析（可替代活动2和活动3）。

可以运用理论支持中的亲子类型资料,引导学生分析自己与父母相处的类型,以及形成这种类型的原因。针对不同类型分析容易出现的问题,以及应对问题的有效方法。

（4）写给爸爸妈妈的话（可替代活动4）。

以一封短信或者一段话的形式,表达对父母的希望与期待,或者感恩与祝福。可以编辑成册,家长会时反馈给家长。

4. 课堂活动记录单

家的天空

天气分析师

天气改良计划

从众辩与辨

生活适应

PSYCHOLOGICAL
D E V E L O P M E N T
L E A R N I N G

一、活动目的

1.通过"青春秀场"活动促进学生互动，引出本节班会课的主题。

2.通过辩论与讨论，帮助学生了解从众的利弊，明确盲目从众与理性从众的差别。

3.通过"秀场辩论赛"活动引导学生思考如何实现理性从众，既要相信集体的智慧，更要有自己独立的见解和辨析力，面对诱惑要提高警惕，实现健康成长。

二、活动准备

1.分成6组摆放桌椅，将男女生平均分到各组，桌椅呈马蹄形摆放，教室中间预留活动空间，作为青春秀场。

2.准备1~6的数字卡片，每种数字卡片的数量尽可能平均，总数为班级人数。其中有一套1~6的数字卡片同其他卡片上的数字颜色不同，作为组长标记。

3.准备1~6的数字桌牌。

4.A4纸12张，笔9支。

三、活动过程

📄 活动1：青春秀场

【辅导要点】

通过"青春秀场"活动，组织各组、全班以相同的动作进行展示，促进班级成员互动。

【活动时间】

5分钟。

（建议指导语：青春是一段充满魅力、充满诱惑的生命历程。好动是青春，好奇是青春，好玩是青春。今天老师也想青春一把，和大家玩一个有意思的游戏。）

【活动内容】

（1）划分小组，确定组长。

①全体同学进入教室时每人拿一张数字卡，进入教室后找到相同数字的桌牌，在椅子上就座（注意将男女生平均分到各组，可以分成男生签、女生签，分别随机抽取）。

②持有与其他组员数字颜色不同的卡片的同学为组长。

（2）青春秀场。

①在组长的带领下，全组成员商量讨论，在青春秀场上以某一动作进行小组展示，唯一要求就是全组成员动作一致。

②各位组长进行交流，要求全班同学在青春秀场上以某一动作进行展示。动作确定后，组长与组员进行交流。唯一要求就是全班同学动作一致。

（3）教师总结。

①肯定学生的创意和表演的一致性。

②提出问题：青春秀场是有组织的一致性表现，生活中有很多时

候，我们会不知不觉与他人保持一致，这种反应叫作什么？

③引出本节课主题。

▤ 活动 2：秀场辩论赛

【辅导要点】

通过讨论与辩论，引发学生对从众的深入思考，介绍与从众相关的知识，明确盲目从众与理性从众的差别和对个体的不同影响。

【活动时间】

20分钟。

（建议指导语：从众行为在我们的生活和学习中时有发生，到底从众对我们有什么影响，利弊各有哪些，是接下来要讨论的话题。）

【活动内容】

（1）小组交流：身边的从众。

小组内讨论2分钟，之后组长发言，说说看到或者经历过的发生在身边的从众行为。

（2）秀场辩论赛：从众的利与弊。

①抽签选择正反方和评审团，一共6个题签，两个正方，两个反方，两个评审团，每个小组组长抽取一个题签。

正方：从众利大于弊。

反方：从众弊大于利。

评审团：从正反两个方向分析从众对中学生成长的影响，确定评审标准。

②抽到正反两方题签的各两个小组，坐在教室两侧；抽到评审团的两个小组，坐在讲台的对面。

③三方阵营各发3张A4纸，3支笔，针对抽取的任务进行5分钟讨论。

正反方各选派3名发言人；评审团则要选择1名团长、2名书记员。

④辩论开始，正方、反方依次发言，评审团书记员各负责一方主要观点的记录。

⑤评审团以民主投票方式确定获胜方，评审团长作关于"从众利与弊"的总结发言。

（3）教师总结。

结合两名书记员的记录以及评审团意见，对于从众心理和行为进行简要分析。

【引导要点】

（1）从众是一种非常普遍的心理现象。

（2）理性从众有利于个体发展，能够通过先进群体力量促使个体朝好的方面转变。

（3）消极从众使人迷茫，失去独立决策意识，影响个体创造性思维的培养，甚至因无法抗拒诱惑而使青少年走向歧途。

📖 活动3：从众辨析会

【辅导要点】

针对理性从众和非理性从众如何辨析进行小组讨论，归纳理性从众的特点，引导学生自觉抵抗来自各个角度的不良思想、生活习惯的影响和干扰。

【活动时间】

15分钟。

【活动内容】

（1）全体成员回归各组，每组发一张A4纸，进行小组讨论。

①何为理性从众?

②如何理性从众?

（2）讨论时间3分钟，小组成员依次发言，组长整理。

（3）各组组长依次进行班内分享，每组1分钟。

（4）教师总结。

【引导要点】

（1）积极从众（理性从众）：对正确潮流、规范、习惯和舆论的依从，有利于个体发展。

（2）消极从众：不论正确与否，盲目跟随别人做事，可能导致生存独立性的缺乏。

（3）理性从众要点：正确是非观、丰富的知识、自尊与自信、自制与独立。

📋 活动4：总结与延伸

【活动时间】

5分钟。

【活动内容】

（1）自由发言：谈谈你对从众的新认识。

（2）以"相信集体，拒绝诱惑"为主题，做一期班报。

四、活动素材库

1. 设计背景

从众是一种非常普遍的心理现象。高中生的心理尚未成熟，社会经验及对事物的判断能力均有不足，与此同时，孩子们又渴望被集体接受和被他人认同,这种情况下盲目从众容易带来错误的选择,甚至会因消极影响而形成不良的行为习惯。面对需要作出选择的情境,引导学生如何理性思考,作出正确的决定是高中生发展指导的重要角度。

本节班会课采用动静结合的方式呈现,以辩论和辨析为两条主线,引导学生合作发现盲目从众和理性从众的差别。引导学生认识既要认真采纳团体决策,又要有自己的独立见解和是非观,学会理性从众。

2.理论支持

(1)何为从众。

从众不仅仅是与其他人一样地行动,而是指个人受他人行动的影响,根据他人而作出的行为或信念的改变(关键在于个体脱离群体时,行为和信念是否仍保持不变)。在社会心理学中,"从众"一词通常是指个体在群体压力下,放弃自己的本来主张,改变自身的态度或行为,而与大多数人保持一致。

(2)从众的类型。

根据个体在从众时心理状态的不同,可将从众行为划分成三种类型:

①被迫的表面从众:现实生活中大量存在这种被迫的表面从众,其特征是存在明显的情境压力(包括惩罚和威胁等),行为者此时的从众只是外显行为上的从众,内心是不情愿的,其观念与行为是不一致的,甚至是截然对立的。

②自由的盲目从众:这种从众行为一般是在模糊的情境中自发产生的,带有盲目性。例如"抢购风",就来源于这种盲目从众。盲目从众通常不受明确的外部压力驱使,亦无明确的思想基础,具有暂时性和可塑性,是社会管理中最需要积极引导的。缺乏分析,不作独立思考,不顾是非曲直地一概服从多数,随大流走,是消极的"盲目从众心理",是不可取的。

③自愿的深层从众:这种从众的特征是外显行为与内在态度相吻合

或相一致，带有鲜明的自觉性和自愿性，是较为稳定、持久的一种从众，可以重复和预测，通常以习惯行为的形式表现出来。这种从众是教育（包括自我教育、社会学习）使个体达到规范、价值的认同和内化的结果，它是社会稳定不可缺少的基础。一切纪律、规范的有效实施，所有法律、制度的约束力之发挥，都离不开社会成员的自愿的深层从众。

（3）青少年的常见从众类型及对自身的影响。

青少年常见的从众类型为：

①行为从众：日常行为从众；语言表达从众；学习内容和状态从众；生活消费从众。

②观念从众：审美观念从众，即大家认为好看的就好看；道德观念从众，大家觉得对的自己就觉得对；交友观念从众，什么样的人值得做朋友，朋友的数量，相处的方式等；政治观念从众，包括对他人、集体、社会及国家、国际事件等的看法。

（4）从众对个体成长发展的影响。

①积极从众（理性从众）。

对正确潮流、规范、习惯和舆论的依从，有利于学生发展。由于从众是个体对大多数人行为的一种妥协与顺从，与他人保持了一致性，可使个体获得一种心理上的支持，感到踏实、有安全感，更愿意去做事。当群体在学习、行为、生活中具有良性正常表现时，也能使个体受到熏陶，通过先进群体力量促使个体朝好的方面发展。

②消极从众（盲目从众）。

不论正确与否，盲目跟随别人做事，可能导致生存独立性的缺乏。

a.从众行为的过分普遍，导致部分学生自我意识弱化，独立性差，缺乏个体倾向的世界观、人生观、价值观，使其一旦脱离群体就很容易不知所措，找不到自己努力的方向，极度迷茫。

b.从众行为使得部分同学顺从另一部分同学，听从他人差遣，个体自主意识在群体压力前持续退缩，从而造成部分同学缺乏独立决策意识，养成了思维依赖性。

如有的学生认为反正自己思考速度慢，准确性又差，与其说了或做了让人嘲笑，倒不如跟随其他人做，何必自己费神。思维依赖性极易引发人格的依赖性，这样的人一旦独处就感到安全感缺失，处事犹豫，不敢独自作决定，怕承担责任，凡事也习惯以他人为标准，缺乏自信心。

c.从众行为影响学生创造性思维的培养。在群体压力下，为避免"出错"的危险，面对群体的一致见解，个体不敢说出自己的独到之见，使得他们的创造性思维得不到及时的鼓励和肯定，从而影响其创造性思维动机的激发。

实例：有一位名叫福尔顿的物理学家，由于研究工作的需要，测量出固体氦的热传导度。他运用的是新的测量方法，测出的结果比按传统理论计算的数字高出500倍。福尔顿感到这个差距太大了，如果公布，难免会被人视为故意标新立异、哗众取宠，所以他就没有声张。没过多久，美国的一位年轻科学家，在实验过程中也测出了固体氦的热传导度，测出的结果同福尔顿测出的完全一样。这位年轻科学家公布了自己的测量结果以后，很快在科技界引起了广泛关注。福尔顿听说后追悔莫及。

（5）何为理性从众。

①分清是非。在作出选择前，稳定情绪，分析行为后果。

②丰富知识。无论哪种原因造成的从众，主要还是个体对问题的不了解造成的。因此，努力学习、增长知识，可以帮助自己透彻地了解事实，作出正确的决策。

③增强自尊心与自信心。

④提高自制力与独立性。具有自制力的人善于执行决定，抑制冲动行为，适时地调控自己的行动。性格独立的人遇事有主见，不人云亦云；行动有目标，不亦步亦趋。

3. 可替代活动

（1）口令游戏（可替代活动1）。

活动规则：活动开始后，老师将喊出不同数字，同学要依据数字做出相应动作。

数字与动作对照如下：

1：向右转；2：向左转；3：向后转；4：原地不动；5：面向老师。

（2）毛毛虫效应（可替代活动1）。

法国心理学家约翰·法伯曾经做过一个著名的实验，称为"毛毛虫实验"：把许多毛毛虫放在一个花盆的边缘上，使其首尾相接，围成一圈，在花盆周围不远的地方，撒了一些毛毛虫喜欢吃的松叶。毛毛虫开始一个跟着一个，绕着花盆的边缘一圈一圈地走，一小时过去了，一天过去了，又一天过去了，这些毛毛虫还是夜以继日地绕着花盆的边缘在转圈，一连走了七天七夜，它们最终因为饥饿和精疲力竭而相继死去。

在做这个实验前曾经设想：毛毛虫会很快厌倦这种毫无意义的绕圈而转向它们比较爱吃的食物，遗憾的是毛毛虫并没有这样做。后来，科学家把这种喜欢跟着前面的路线走的习惯称为"跟随者"的习惯，把因跟随而导致失败的现象称为"毛毛虫效应"。

（3）网络视频资料：电梯实验（可替代活动1）。

（4）网络视频资料：阿希实验再现（可以用作分析材料）。

第 16 堂

职场访谈录

生涯探索

PSYCHOLOGICAL

DEVELOPMENT

LEARNING

一、活动目的

1.通过课前职场访谈作业，使学生了解人物访谈的礼仪、方法和注意事项。

2.通过职场人物访谈报告的交流和汇报，引导和促进学生了解社会、探索职业。

3.通过主题讨论，从访谈汇报中分析和认识高中阶段的生涯规划对未来的影响，提升生涯发展的自我规划意识，对自己负责，对未来负责。

二、活动准备

1.提前至少1周布置职场人物访谈作业（"访谈记录表"样式见活动素材库）。

2.按照场地条件和班级人数分组，每组6~8人，确定组长。

3.准备与小组数相等的小奖品。

4.印制指令游戏题目，折叠密封，每人1份（指令游戏题目清单见活动素材库）。

三、活动过程

📋 活 动 1： 指 令 游 戏

【辅导要点】

热身活动，导入主题，引导学生体验不同的任务完成风格及对于规则的不同理解和执行，是影响活动结果的重要因素。

【活动时间】

5分钟

（建议指导语：今天这节课是职场访谈汇报交流会，开会前先做一个指令游戏，看看同学们对指令完成的风格和结果如何。）

【活动内容】

（1）发放密封的指令游戏测试题。

（2）分发测试题前，强调题目多，限时3分钟，时间一到立刻停止答题。

（3）自由发言：通过这个活动，你得到的启示或收获是什么?

（4）教师总结。

【引导要点】

（1）做任何事情的时候，纵览全局都很重要。

（2）如果方向错了，速度越快越麻烦。

（3）按照既定的规划完成任务往往可以收到稳妥效果。

活动2：职场访谈交流会

【辅导要点】

通过汇报访谈结果，使学生们相互借鉴，开阔视野，了解更多的职业信息。

【活动时间】

15分钟。

（**建议指导语**：本节课之前我们布置完成了职场访谈任务，今天是交流汇报会，先来进行小组交流活动，看看同学们访谈了谁，得到哪些有价值的信息。）

【活动内容】

（1）以小组为单位，交流分享职场人物访谈的情况，组长组织，每位同学都要发言。

（2）确定本组最优秀的访谈报告，参加全班交流。

活动3：班级分享会

【辅导要点】

通过各小组代表在班内汇报访谈结果，使学生们相互借鉴，开阔视野，了解更多的职业信息。

【活动时间】

15分钟。

（**建议指导语**：每个小组派1名代表向全班同学介绍自己所在小组访谈的职业类型。并对自己的访谈进行简要汇报。）

【活动内容】

（1）小组代表发言，每人2分钟。

（2）为每组发言代表发放最佳访谈报告奖。

📖 活动4：智慧互助

【辅导要点】

结合访谈汇报结果，引导学生认识和体会了解真实职场，以及对未来职业方向事先规划的重要性，提升学生对于未来职业领域的关注度，激励其积极主动进行自我探索和教育探索。

【活动时间】

10分钟。

【活动内容】

（1）分析与思考。

①不同的职业对人的要求有什么共同点？

②为什么职业需要规划？

③职业规划与高中学习有什么联系？

（2）每两个小组负责汇报交流一个题目。

（3）将所有访谈表装订成册，班内交流阅读。

四、活动素材库

1. 设计背景

高中生生涯探索的一个重要角度是了解有关职业的具体信息，尽可能多地接触各种行业以及相应职场的真实环境，对其探索未来的专业及与之对接的职业意义重大。

孩子们忙于学习，生活在学校和家庭之间，对于真实的社会生活及职业领域所知甚少，对于职业也只是单纯的兴趣、好奇及浅显的认识。生涯人物访谈是学生了解职场的一个自助平台，是获取职业信息直接而有效的渠道，目的在于使学生深入了解和认识某职业领域中的真实状况。此外通过职场访谈，还能正确认识自己的优势和不足，从而制订更加合理的学习和发展计划。

本节课的主要目的是引导学生使用身边的资源，就某一职业领域进行深入调查，通过充分的信息交流互相补充，充分了解职业信息的同时也是对其沟通和表达能力的有效训练。

2. 理论支持

（1）舒伯生涯发展论。

舒伯（Super）是生涯发展论最具代表性的研究者。他认为：生涯是生活中各种事件的演进历程，统合了人生中各种职业与生活的角色，由此表现出个人独特的自我发展形态。生涯除了职位之外，还包括其他与工作有关的角色，如学生、退休者、家庭和公民的角色等。

舒伯（1953）根据自己"生涯发展型态研究"的结果，参照布勒（Bueller）的分类，将生涯发展阶段划分为成长、试探、决定、保持与衰退五个阶段。具体分述如下。

成长阶段：由出生至14岁，该阶段儿童开始发展自我概念，以各种不同的方式来表达自己的需要。这个阶段发展的任务是：发展自我形象，发展对工作世界的正确态度，并了解工作的意义。

探索阶段：由15岁至24岁，该阶段的青少年，通过学校活动、社团活动、休闲活动、社会实践活动等机会，对自我能力及角色、职业作了一番探索，因此选择职业时有较大弹性。这个阶段发展的任务是：使职业偏好逐渐具体化、明确化并付诸实践。这阶段共包括三个时期：一是试探期（15岁至17岁），考虑需要、兴趣、能力及机会，作出暂时的决定，并在幻想、讨论、课业及工作中加以尝试；二是过渡期（18岁至21岁），进入就业市场或专业训练，更重视现实，并力图实现自我观念，将一般性的选择转为特定的选择；三是试验并稍作承诺期（22岁至24岁），生涯初步确定，评估其成为长期职业生活的可能性，若不适合则可能再重复经历上述各时期，以确定新的方向。

建立阶段：由25岁至44岁，该阶段能确定在整个事业生涯中属于自己的"位子"，并在31岁至40岁，开始考虑如何保住这个"位子"，并固定下来。这个阶段发展的任务是统整、稳固并求上进。

维持阶段：由45岁至65岁，个体仍希望继续维持属于他的工作"位子"，同时会面对新的人员的挑战。这一阶段发展的任务是维持既有成就与地位。

衰退阶段：65岁以上，由于生理及心理机能日渐衰退，个体不得不面对现实，从积极参与到隐退。这一阶段往往注重发展新的角色，寻求不同方式以替代和满足需求。

（2）生涯人物访谈及操作流程。

生涯人物访谈，是通过与一定数量的职场人士（通常是自己感兴趣的职业从业者）会谈而获取关于一个行业、职业和单位"内部"信息的一种职业探索活动。通过访谈，了解该职业岗位的实际工作情况，获取相关职业领域的信息，进而判断自己是否真的对该工作感兴趣，实际上是一次间接、快速的职业体验。

①认识和了解自己。可以借助一定的工具（如霍兰德职业倾向测试、职业能力测量表、职业价值观自测量表或测评软件分析自己的兴趣、性格、技能和工作价值观。

②寻找生涯人物。结合自己的兴趣、技能、工作价值观、教育背景和已掌握的职业知识列出未来可能从事的几个职业，然后在每个职业领域寻找3位以上的在职人士作为生涯人物。生涯人物可以是自己的亲人、老师和朋友，也可以是他们推荐的其他人。

③拟定访谈提纲。结合目标职业信息设计访谈问题，对生涯人物的

访谈可以围绕以下要点进行：行业、单位名称、职业（职位）、工作的性质类型、主要内容、地点、时间、任职资格、所需技能、市场前景、行业相关信息、工作环境、工作强度、福利薪酬、工作感受、员工满意度等。

④预约并实地采访。预约时首先介绍自己，然后说明找到访问对象的途径、自己的采访目的、感兴趣的工作类型及进行采访所需要的时间（通常30分钟左右），确认采访的日期、时间和地点，最好是面谈。

（3）访谈注意事项。

①采访前为自己准备自我介绍，因为在访谈过程中对方可能会问采访者的职业兴趣和求职意向。

②面谈前，应征求生涯人物的意见，视情况决定是否对谈话进行录音或书面记录。

③面谈一定要守时、简洁，不浪费他人时间。

④访谈结束后，对于不允许访谈现场记录的内容应迅速补记。

⑤采访结束后要通过合适的方式表示感谢。

（4）访谈结果分析。

在一个职业领域采访3个以上的生涯人物后，用职业信息加工的观点来分析，对照之前自己对该职业的认识进行比较，找出主观认识与现实之间的偏差，确定自己是否适合这一行业、职业和工作环境，是否具备所需能力、知识与品质，形成书面总结报告，进而详细制订自我培养计划。如果访谈结果与自己之前的认识出现严重脱节，就有必要进入另一个职业领域开展新一轮生涯人物访谈。

3. 可替代活动

（1）人物访谈视频（可替代活动1）。

从网上寻找访谈类型的小视频，作为导入活动播放，引入主题。

（2）访谈节目制作人（可替代活动3）。

【辅导要点】

各组选取有代表性的访谈报告,确定访谈者和被访谈者的扮演者。以课堂小品的形式现场呈现。

【活动内容】

①小组选出本组优秀访谈报告作为蓝本,制作成简短而完整的访谈小品脚本。

②小组依次表演。

③选出最佳脚本和最佳表演。

4. 活动记录单

职场人物访谈表

基本信息

采访人姓名:　　　　班级:　　　　　学号:

访谈时间:　　　　　地点:

受访者姓名:　　　　性别:　　　　　年龄:

和你的关系:　　　　职业:　　　　　工作单位:

访谈记录

访 谈 题 目	访 谈 记 录
(1) 您主要的工作内容是什么?	
(2) 就您的工作而言,您最喜欢什么? 最不喜欢什么?	
(3) 工作条件和薪酬待遇如何?	

访谈题目	访谈记录
（4）要胜任这份工作，需要什么样的教育背景、任职资格？	
（5）这份职业是否令您有成就感？如果有是在哪方面最有成就感？	
（6）您的职业所面临的压力和挑战是什么？	
（7）您的职业机遇和前景如何？	
（8）如果可以重新选择，您会选择什么职业？为什么？	
（9）对于将来也想从事这份职业的人，您有哪些建议？	
补充及备注	

对我的启发

（1）通过访谈，我对该职业有什么新认识？

（2）要想胜任这份工作，需要具备哪些条件？

（3）作为高中生，现在可以为今后的职业做哪些准备？

指令游戏题目

姓 名：

（1）请先阅读完全部题目再做。

（2）请在这张纸的右上角名字栏写上你的名字。

（3）在左上角的空白框画上两个五角星。

（4）在右下角并列画两个方格。

（5）在左上角五角星内用笔尖点一个点儿。

（6）在自己的名字下面画两道横线。

（7）在纸的背面写出"成功"两个字。

（8）在第（7）题第一个字上用笔画出个框。

（9）看你右边的人写完了没有。

（10）用笔把第（3）题的题目画掉。

（11）在右下角并列的方格左边的一个内画三角。

（12）用笔把右下角最右边的方格打个叉。

（13）举起自己的左手。

（14）将纸的右上角撕开一点。

（15）在你的名字旁边画一个小人儿。

（16）大声讲出"我快做完了"。

（17）在纸的背面"成功"前面写上一个"我"字。

（18）在纸上方五角星旁画五个"十字"。

（19）把手举起，并说"我做完了"。

（20）现在你已经全部阅读完了，请只做（1）（2）题。

PART THREE

{ 高三年级 }

第 17 堂

备考面面观

学习辅导

PSYCHOLOGICAL
DEVELOPMENT
LEARNING

一、活动目的

1.通过往届毕业生关于如何看待高考及如何备考的视频资料，引入对高三学习任务的思考与讨论。

2.通过"备考面面观"活动，从高三的学习阶段划分，每个阶段的根本任务，以及需要关注的角度进行具体的讨论和归纳，给出合理建议。

3.通过"学习心愿卡"，建构高三备考的目标体系，自我规划与激励，以良好开端为高三学习打下坚实基础。

二、活动准备

1.依据场地条件和班级人数划分小组，桌椅呈马蹄形摆放，中间留出活动空间。

2.班主任邀请毕业的学生录制"高三备考金典"视频（8分钟左右）。

3.印制活动记录单。

4.每人一张心形卡片，手绘或者手工制作的树形图，大小为可以粘贴全班同学的心愿卡。

三、活动过程

活动1：小组雕塑

【辅导要点】

以完成主题雕塑任务进行小组建设，放松身体，舒缓情绪，导入主题。

【活动时间】

10分钟。

（建议指导语：同学们，紧张的高三学习生活开始了，良好的身心状态是学习效果的保障，所以我们先来进行一项有趣的活动。）

【活动内容】

（1）每组以"为高考加油"为主题设计小组雕塑，要求小组所有成员都必须是雕塑的一部分。

（2）以身体语言、造型和解说词相结合的形式呈现，解说词设定为6句话。

（3）每组讨论和设计时间4分钟，之后轮流展示。

（4）选出最佳创意奖和励志奖各一个，奖品是把本组雕塑再展示一遍（奖励方式最好在评出获奖小组之后宣布）。

（5）教师总结。

全面鼓励，引入主题。

（建议指导语：高考真的不再遥远，为了完成这个你人生中的重要任务，我们一定要做好充分的准备。）

📖 活动 2：学 长 说

【辅导要点】

播放往届毕业学生关于高三备考的视频，介绍备考实战经验，由此引出关于高三生活的认识和规划。

【活动时间】

15分钟。

（建议指导语：高三生活已经开始，这一年的学习生活到底要如何准备才能充分利用呢？先来听听学长和学姐的"高三备考金典"。）

【活动过程】

（1）播放视频。

（2）小组讨论：从视频中获得的有关高三备考的重要信息有哪些？

（3）组长记录总结，班内分享。

（4）教师总结。

结合小组发言引导学生了解有关高三备考需要掌握的信息和需要做的准备。

【引导要点】

（1）高三复习具有阶段性特点。

（2）复习有策略，借鉴经验，结合自身特点，适合自己的就是最好的。

（3）目标体系完整合理。

📖 活动3：备考面面观

【辅导要点】

通过专题讨论，就高三备考的阶段任务、复习策略和目标体系进行具体分析，掌握相关常识。

【活动时间】

15分钟

（建议指导语：从学长和学姐的"备考全典"中我们发现高三备考的几个需要事先了解的重要角度，要针对这些角度进行深入分析和经验储备，在接下来的活动中大家依据"全典视频"及自己的理解进行具体讨论。）

【活动内容】

（1）小组讨论。

①高三复习可以分成几个阶段？每个阶段的复习要点是什么？

②复习的有效策略有哪些？

③希望在高三学习中得到哪些收获（尽量具体化）？

（2）组长记录，班内交流。

（3）教师总结。根据班内分享内容进行总结和引导。

【引导要点】

（1）高三备考的三个阶段：第一轮基础复习；第二轮综合复习；第三轮模拟考试开始后的应试策略训练。

（2）复习的有效方法：及时复习；综合复习；教材与习题相结合；自己复习和老师带领复习协调一致。

（3）对学习的期待要符合实际；掌握学习规律，尤其之前不够努力，欠缺良好学习习惯和有效学习方法的同学，不可操之过急，更不能轻言放弃。

📋 活动4：心愿树

【辅导要点】
通过制作心愿卡，激发积极情感体验，心怀美好期待，给高三备考以良好的开端。

【活动时间】
5分钟。
（建议指导语：良好的开端是成功的一半，美好的心愿是信心与勇气的源泉。希望同学们带着理想，带着对未来美好的期待，踏上高三备考的征程。）

【活动过程】
（1）请组内每位成员在彩色贴纸上为自己写一句鼓励的话，或者是对高三生活和高考的愿望。
（2）写好后粘贴在树形图上，组成一棵高三心愿树，在班内的展示栏内做文化布置。
（3）结束语：备考路上有你我同行，我们的每一分努力都将开出最美的花朵！

四、活动素材库

1. 设计背景
高三的复习备考，是学生高中学习生活中最为重要的一年。初入高三，学生们热情有余，准备不足，容易出现三分钟热度、先紧后松、急于求成等不良现象。所以在高三最初阶段，帮助学生了解高三备考的规律和一般常识非常必要。

高三备考是对学生知识掌握水平的考量，更是对其心理素质水平的检审和训练，在备考过程中培养自我发现、自我调整和自我监控的能力，是高三的成长目标。学生必须认识到心理状态，尤其是意志品质和积极态度是复习备考的关键环节，从而做好充分准备。除此之外还要了解每一个阶段复习的要点以及容易出现的问题，做好积极预防，发现问题及时调整或者请求帮助。

本课通过毕业生的视频资料、学生的合作讨论及教师的引导，帮助学生全面了解高三备考需要关注的角度，为顺利完成高考任务做好充分准备。

2. 理论支持

（1）备考中存在的误区。

①对时间的认识误区。

从8月开课一直到高三下学期第一次模拟考试，这是一个很长的时间段，所以往往容易出现"前松后紧"的状况，即开始第一个月还抓得比较紧，但一个月后就开始松懈，认为来日方长，或者耐力不足，坚持不下去，所以在时间把握上容易出现拖延和随意，造成复习时间的浪费。

其实第一阶段的复习任务耗时最长，其主要任务是为高考各个学科全面夯实基础，基础牢不牢决定后面的复习效果和最后的考试结果。随着第一轮复习结束，后面的时间就非常紧迫，所以，第一阶段必须强化时间意识，而且要有足够的耐性。否则，到了下学期就无法补救了。

②对复习资料的选择误区。

在选择资料方面常常会出现误区，比如误认为层次越高的复习资料就越好，忽视了第一阶段复习的重点是要突出基础性，结果私下盲目地选购了很多高考真题、模拟试题或所谓某些名校的复习资料。实际上，对绝大多数学生而言，老师自己编印的资料才是最合适而且也是最有效的。

③对练习题目的选择误区。

对于某些基础不够扎实的学生来说，由于本来起点就比较低，所以上了高三后可能更加焦急，容易急功近利，忽视了最重要的基础练习，用大量的时间去做综合性的练习，以为这样会有速效。经过一段时间后却发现只能适得其反才追悔莫及。实际上，第一阶段重点就是要吃透课本，落实单元主干知识，梳理出高考考点，做好基础题。

（2）复习需要注意的几点。

①及时。

及时复习可以加强记忆，减少遗忘。根据艾宾浩斯遗忘曲线，遗忘规律是先快后慢，识记过的事物第一天后的遗忘率达55.8%，保留率为44.2%，第二天以后的保留率为33.7%，一个月以后的保留率为21.9%，自此以后就基本上不再遗忘了。因此，及时复习所学知识，可以起到事半功倍的效果。

②思考。

复习是一次再学习的过程，是对所学知识进行一次再加工的过程。复习时要思考知识掌握的程度，多思考几个为什么，要做到透彻理解、熟练运用。

③多样。

复习方法多种多样，徐崇文等人提出了尝试回忆复习法、倒回复习法、协同记忆复习法都有助于提高复习效率。

（3）学科复习贴士。

①语文。

固定答题模式，答案格式化；对照标准答案；书写要整洁；提炼答题的语句；相信自己的语感，第一感觉很重要；培养自己的语文素养；作文造句可运用别人的经典表述；上课专心听讲；多背课文素材；多注重基础小题；复习要少量多次进行积累。

②数学。

掌握基础知识；先专题再套卷；专题练习针对弱点突破；减少计算

错误；找简洁的方法，简化答题，提高效率；练习做题的技巧；整理错题集、精心改错；阶段考试后总结与反省；精细做题，稳中求胜；草稿纸合理使用。

③英语。

课堂上加强记忆；课后复习并背诵；生活中学习英语；记忆固定用法；记熟高频词；整体与局部相结合；总结做题经验，整理归纳卡片；双向思维，直选与排除相结合；建立错题本；语言学习要持之以恒。

④物理。

注重教材中的知识点；做题时双向思维；建立模型，掌握经典题型，重视基础题；平常练习时注重发散，举一反三；分析总结做某一类题的通式；精心对照标准答案，重视细节，总结方法。

⑤化学。

回归课本，抓住教科书中关键点；总结题型的规律；熟练掌握各种元素及化合物的性质；分门别类整理常见物质；熟记原理；记细小的知识点；课堂理解，课后巩固；总结改错，准备错题本；拓展知识面；做题仔细专心，稳重；精心读题，大胆猜想；猜推相结合；做题习惯加批注。

⑥生物。

多翻课本，翻书做题，做题翻书；多熟悉教材，整理知识点；知识点细化；记实验的关键部分；答题时表述要标准，规范表达；重复复习，精细记忆；抓住课堂时间；勤动笔。

3. 可替代活动

（1）相约学长（可以替代活动1）。

可以请几名毕业生参与课堂活动，代替"高三备考金典"视频。

（2）志向幸运星（可以替代活动4）。

用幸运星折纸写下自己对于高三的期待，可以书写自己的高考目标，包括分数段或哪类、哪所大学。然后折成幸运星，放入罐中封存，待高考前重新打开看看自己的愿望是否实现。

（3）"目标阶梯"（可以代替活动4）。

制定高三备考的阶段目标，并注明具体实现的条件保障。

4. 活动记录单

小组雕塑解说词

学长说

对我而言重要的提示

备考面面观

（1）

_____

_____

_____

（2）

_____

_____

_____

（3）

_____

_____

_____

幸福处方

情绪调节

PSYCHOLOGICAL

DEVELOPMENT

LEARNING

一、活动目标

1.通过哲理故事引导学生思考什么是幸福，深入分析和认识幸福的内涵。

2.通过"寻找幸福处方"活动引导学生结合生活实际和自身特点探讨如何才能得到真正的幸福。

3.引导学生重视幸福感知能力的培养和训练，以积极状态面对学习和未来生活。

二、活动准备

1.按照场地条件和班级人数划分小组，每组6~8人，确定组长；桌椅呈马蹄形摆放，中间留出活动空间。

2.印制活动记录单（见活动素材库）。

3.眼罩、呼啦圈若干。

三、活动过程

📋 活动1：穿越幸福

【辅导要点】

调动学生积极性，为学生营造欢乐愉悦的课堂氛围，让学生体验快乐情绪，引出本课主题。

【活动时间】

10分钟。

（建议指导语：今天我们来做一个非常具有挑战性的热身活动，叫作"穿越幸福"，你知道幸福是如何被穿越的吗？）

【活动内容】

（1）各组选出2名组员参与活动，A同学戴眼罩，完成穿越活动，B同学担任指挥官。

（2）请两名学生助手在距离起点前方3米左右处立起一个呼啦圈，象征着幸福之门，A同学将戴上眼罩，在B同学指引下穿过呼啦圈，完成"穿越幸福"活动（如果场地允许，可以多组同时进行活动）。

（3）在活动过程中只有B同学可以指挥A同学，其他同学保持安静。

（4）出发时A同学要原地转2圈，然后使其面向3米外的幸福之门站定，听到出发指令即走向幸福之门。

（5）穿越幸福之门时尽量不要碰触呼啦圈。

（6）每位同学成功穿越后都给以掌声鼓励。所有小组完成穿越后，选出完成得又快又好的小组，可以颁发小奖品。

（注意：教师要记录每组违反规则的情况，如小组成员出声、碰触呼啦圈等。）

（7）学生自由发言，谈谈对这个活动的感受。

（8）教师总结。

【引导要点】

（1）引出课堂公约，遵守规则，积极主动。

（2）引出主题，每个人都希望自己幸福快乐，那么幸福到底是什么，怎样才能获得幸福，是这节课的主题。

（3）幸福之门始终敞开，只要看准方向勇敢向前。

（4）寻找幸福的路上不能只有自己，要有伙伴，要互相帮助。

📖 活动 2：敲敲幸福门

【辅导要点】

通过分享关于寻找幸福的哲理故事，引导学生讨论、分析幸福的丰富内涵。

【活动时间】

15分钟。

（建议指导语：幸福是什么呢？这个问题困扰过很多人，也有过各种风格的诠释，今天我们用自己的语言，来表述一下什么是幸福。）

【活动内容】

（1）呈现哲理故事《幸福是什么》（教师讲述，或者事先录制配乐朗读的音频）。

在古希腊有一个寻找幸福的故事：

一群年轻人到处寻找幸福，但是却遇到了许多烦恼、忧愁和痛苦。他们向苏格拉底请教：什么是幸福呀，幸福到底在哪里？苏格拉底说："你们还是先帮我造一条船吧！"年轻人们暂时将寻找幸福的事放在一边，找来造船工具，用了七七四十九天，锯掉了一棵高大的树，把树心抠空，造成一条独木船。独木船下了水，年轻人们把苏格拉底请上船，一边合力荡桨，一边齐声歌唱。苏格拉底问："孩子们，此时你们幸福吗？"年轻人们齐声回答："我们幸福极了！"苏格拉底说："幸福就是这样，它是一种满足感，它往往在你为一个明确的目标，忙得无暇顾及其他的时候突然来到。"

（2）自由发言：这个故事中阐述的幸福是什么？

（3）小组讨论：幸福是什么？

①完成自由书写：幸福是什么（写在活动记录单相应栏目）？

②小组交流：你所理解的幸福是什么？

③组长总结，班内分享。

④教师总结。

结合各组的分享内容总结并引导。

【引导要点】

（1）对幸福的理解各不相同。

（2）对于不同的理解需要互相尊重，可以相互借鉴。

（3）良好的人际关系是幸福的基础。

📖 活动3：幸福处方

【辅导要点】

从自身的经验入手，交流获得幸福的有效途径。

【活动时间】

15分钟。

【活动内容】

（1）请思考如下问题，将它写在活动记录单的"幸福处方"栏目。

①我记得的幸福瞬间。

②我的幸福处方。

（2）小组交流，组长总结归纳幸福处方。

（3）班内交流。

幸福瞬间可以由组长推荐组员分享，幸福处方由组长代表发言。

（4）教师总结。

【引导要点】

（1）尽情享受触手可及的幸福时光。

（2）要弄清自己到底想要什么。

（3）坚定生活目标。

（4）对未来保持乐观的憧憬。

（5）维系良好的人际关系，经常表达感激之情。

（6）感知幸福的能力需要练习。

📋 活动 4：总结与延伸

【活动时间】

5分钟。

【活动内容】

（1）自由发言：这堂课给你的感悟是什么？

（2）延伸作业：每天记录1~3件令你感到快乐，甚至是幸福的事情，记录一周，下周我们进行班内分享。

四、活动素材库

1. 设计背景

高中三年级的学生已经接近成年，认知能力发展成熟，对于人生的深入思考也逐渐增加。面对高考备考，学业任务紧张而繁重，积极的情绪状态是顺利完成备考任务的重要条件。除了关注备考和应考的焦虑情绪调节、消极情绪的识别和应对之外，积极情绪的引导和激发，也是非常有效的心理辅导方法。

每个人都有追求幸福的权利，那么在追寻幸福的道路上该做哪些努力，是积极心理学研究的核心内容之一。积极心理学倡导不仅要关注消极情绪的调节，更要关注积极的情绪体验。基于这一重要理念，辅导学生主动发现快乐，感受幸福，并且探索和思考如何获得幸福的有效途径，可以促进其健康成长。

本节班会课，通过活动体验和讨论分享，针对有关幸福的几个问题引发学生的深入思考，从怎样理解幸福、如何获得幸福等角度进行引导，助其获得积极的情绪体验，培养乐观阳光的生活态度。

2. 理论支持

（1）关于积极心理学。

积极心理学虽然有着漫长的过去，但只有比较短暂的历史。1998年，积极心理学由当时担任美国心理学会主席的塞利格曼教授第一个提出来。塞利格曼意识到，心理学界自第二次世界大战以来一直主要致力于对人类问题的解决和补救，却忽略了对正常人群的研究，少了一些对美好生命的关注，可以毫不客气地说，心理学潜在的观念将人类的本质套进了疾病模式。积极心理学提议，已经是时候来修正这种不平衡了。

塞利格曼等积极心理学家呼吁："心理学不仅要关注疾病，也要关注人的力量；不仅要修复心灵上损坏的地方，也要努力构筑生命中美好的部分；不仅要致力于治疗痛苦的创伤，也要帮助健康的人们实现人生的价值。"

积极心理学关注每个人内在的积极因素，面对各种心理现象包括心理问题时主张以积极的心态来应对，提倡激发每个人内在的积极力量，培养人们的积极品质。

积极心理学的研究主要包括三个方面的内容：积极的主观体验，如幸福感、成就感等；积极的个人特质，如兴趣、价值等；积极的环境，如学校、家庭、社区等。

（2）哈佛幸福课。

积极心理学课程始于20世纪初，最早是由塞利格曼在宾夕法尼亚大学，以研讨会的方式开设的。后来，塞利格曼在很偶然的机会下，开创了另一种教授这门课的方式。而真正使幸福课广为人知的则是哈佛大学的泰勒博士开设的以积极心理学为主的幸福课。哈佛的幸福课在短短两年的时间里迅速风靡全世界。此后，幸福课从美国的大学逐步发展到中小学，深受学生的喜爱。

（3）有关幸福的名言。

①人类之所以感到幸福的原因，并不是身体健康，也不是财产富足；幸福的感受是由于心多诚直，智慧丰硕。——德谟克利特

②要记着，幸福并不是依存于你是什么人或拥有什么，它只取决于你想的是什么。——卡耐基

③对人来说，最大的欢乐，最大的幸福是把自己的精神力量奉献给他人。——苏霍姆林斯基

④攀登顶峰，这种奋斗的本身就足以充实人的心。人们必须相信，垒山不止就是幸福。——加缪

⑤正像我们无权只享受财富而不创造财富一样，我们也无权只享受幸福而不创造幸福。——萧伯纳

⑥生活中最大的幸福是坚信有人爱我们。——雨果

⑦一个人有了远大的理想，就是在最艰苦的时候，也会感到幸福。——徐特立

⑧幸福越与人共享，它的价值越增加。——森村诚一

⑨创造，或者酝酿未来的创造。这是一种必要性：幸福只能存在于这种必要性得到满足的时候。——罗兰

⑩有研究的兴趣的人是幸福的！能够通过研究使自己的精神摆脱妄

念并使自己摆脱虚荣心的人更加幸福。——拉美特利

3. 可替代活动

（1）寻找幸福真谛的故事也可由下面的故事代替。

一位年轻人四处寻找解脱烦恼的秘诀。他见山脚下绿草丛中一个牧童在那里悠闲地吹着笛子，十分逍遥自在。年轻人便上前询问："你那么快活，难道没有烦恼吗？"牧童说："骑在牛背上，笛子一吹，什么烦恼也没有了。"年轻人试了试，烦恼仍在。于是他只好继续寻找。

他来到一条小河边，见一老翁正专注地钓鱼，神情怡然，面带喜色，于是便上前问道："您能如此投入地钓鱼，难道心中没有什么烦恼吗？"老翁笑着说："静下心来钓鱼，什么烦恼都忘记了。"年轻人试了试，却总是放不下心中的烦恼，静不下心来。于是他又往前走。

他在山洞中遇见一位面带笑容的长者，便又向他讨教摆脱烦恼的秘诀。长者笑着问道："有谁捆住你没有？"年轻人答道："没有啊？"长者说："既然没人捆住你，又何谈解脱呢？"年轻人想了想，恍然大悟，原来是被自己设置的心理牢笼束缚住了。

请思考：

①到底是谁束缚住你？你的烦恼在哪里？

②你该如何挣脱心理牢笼的束缚，追寻自己的幸福？

（2）网易公开课的TDE演讲视频《幸福是什么》，可以用来代替幸福哲理故事。

4. 活动记录单

敲敲幸福门

幸福是：

幸福处方

我的幸福瞬间	我的幸福处方
1.	1.
2.	2.
3.	3.
4.	4.
5.	5.

天生我材必有用
自我认识

PSYCHOLOGICAL
DEVELOPMENT
LEARNING

一、活动目的

1.通过"青春纪念册""青春我有财"活动，引导学生关注近三年的高中生活中自身发生的变化，积极关注并正确看待自己的成长与进步，肯定自己的努力。

2.通过"青春大拍卖"活动，明确收获的价值，引导学生用发展的眼光看待高中生活的收获，增强自己对未来的信心。

3.通过"祝福青春"活动，鼓励学生积极面对高考及未来的人生挑战。

二、活动准备

1.每位同学交一张电子版初中时的生活照，从中选出五位变化比较明显的学生的照片放入课件中。

2.依据场地条件和班级人数划分小组，每组6~8人，确定组长。

3.印制活动记录单和拍卖记录单（见活动素材库）。

4.制作"祝福青春"展示板（材质和样式可因地制宜），按照人数准备便利贴。

三、活动过程

📖 活动1：青春纪念册

【辅导要点】

热身活动，引导学生融入课堂学习氛围，引导学生思考升入高中以来自己的收获。

【活动时间】

5分钟。

（建议指导语：光阴如梭，转眼同学们已经在这个校园生活了三个年头，上周，老师让每位同学都交上来一张初中时的照片，回去后认真看了每一张，发现大家无论是外在形象还是自身气质都有了很大的变化，下面找几张让同学们看一看，猜一猜是谁。）

【活动内容】

（1）看照片，猜同学，并说明这位同学有哪些明显的变化。

（2）自由发言：谈谈自己的感受。

（3）教师总结。

【引导要点】

（1）很多学生外在特征变化很大，也有时光停驻了的学生。

（2）改变不仅是外在的，更有内在的。

（3）变化中一定有让我们终身受益的精神财富（导入主题：天生我材必有用）。

活动2：青春我有财

【辅导要点】

通过思考自己3年的收获，引导学生积极关注并正确看待自己高中3年的成长与进步，思考自己的付出，肯定自己的努力。（有的学生收获和付出并非对等，教师应格外注意引导）

【活动时间】

15分钟。

（建议指导语：精神财富的范畴非常广泛，凡是有益于自己成长和发展的角度都可以考虑，认真反思和总结，相信你一定会有新发现。）

【活动内容】

自由讨论：精神财富都包含哪些内容呢?

（1）可从性格、能力、习惯、品格、价值观、人生观、世界观、理想追求、人际关系等角度进行总结。

（2）根据总结出的收获角度，也可以增补自己的意见，填写活动记录单中"青春我有财"表格，尽可能多地写出自己的收获。

尽量具体描述，如我养成了每天锻炼的好习惯，我明确了自己的职业理想，我提高了时间管理的能力，我找到了一辈子的好朋友等。

（3）小组交流，组长记录并总结归纳。

（4）班内分享。组长代表发言，本组同学主要在哪些角度有收获。

（5）教师总结。

【引导要点】

3年的高中生活真的让我们收获了很多，此时此刻，看到这些收获感受颇多。成长有代价，成长是奇迹。

📖 活动 3：青春大拍卖

【辅导要点】

通过拍卖青春的收获，明确收获的价值，引导学生用发展的眼光看待3年来的收获，增强对未来发展的信心（对于没有拍卖成功的收获，教师要注意引导）。

【活动时间】

20分钟。

（建议指导语：尽管有的时候付出可能没有得到理想的回报，但失之东隅收之桑榆，付出必有收获，这些辛苦的付出换来的宝贵的精神财富，也将为我们未来的幸福生活奠定基础。那么这些财富到底有多重要呢？下面进入"青春大拍卖"活动。）

【活动内容】

（1）每位同学从刚才自己填写的青春收获中选择两个对你而言最重要的（如学习、友情、坚强等）。

（2）请每位同学将自己3年来最重要的两个收获交给组长，写在本组的拍卖记录纸上，作为本次拍卖会的"拍品"（也可以每组一块白板，将每个同学选出的收获内容写在上面）。

（3）每位同学只能提供两个，如果和前面同学重复，就要另提供一个。写好后，小组成员相互传阅，来看一看接下来我们要竞拍的青春收获都有哪些，并思考自己最想要竞拍的1~3样拍品。

（4）小组拍卖会。

（建议指导语：高中毕业意味着我们走到了人生的一个十字路口，未来的道路将由我们自己选择，你认为什么样的青春收获意义非凡，就在拍卖会上进行选择。）

规则：

①每位同学手中都有5 000元道具币，我们需要用这5 000元去竞拍青春的收获，为将来的生活做准备，更好地来应对未来的挑战。

②每样收获的起拍价为500元，每次出价都以100元为单位，价高者得。

③组长对拍卖结果做好记录。

（5）班内分享：组长发布本组的拍品及拍卖结果，教师简要总结。

（6）拍后感。

经过刚才的拍卖，我们大家都为自己未来的发展拍得了最合适的青春收获。请大家思考三个问题，并将答案简单写在活动记录单上。

①竞拍前你想要竞拍哪几个？

②你花费最多的是什么？竞拍成功你有怎样的感受？

③拍得的收获对你未来的发展有什么意义？

【引导要点】

无论是能力还是品质，性格还是友谊，这些青春的收获不仅珍贵，更会帮助我们在未来的人生道路中更好地成长、发展。

活动4：祝福青春

【辅导要点】

展望未来，积极面对高考及未来的人生挑战。

【活动时间】

5分钟。

（建议指导语：带着满满的收获，我们也即将迎来重要的挑战：高考。而在高考之后，我们也将迎来青春中最美好的一段时光：大学。）

【活动内容】

请每位同学在便利贴上写下对自己高考和未来的祝福语，贴在"祝福青春"的展示板上，在班内展示，互相激励。

四、活动素材库

1. 设计背景

高三生活单调而充满压力，学生每天遨游在题海世界里，又要随时接受成绩的"审判"，一些学生会因此焦虑不安、无法专心学习，甚至出现丧失信心、不愿学习、怀疑自身价值等状况。

"我觉得自己高中三年太失败了！为了高考，我放弃了游戏、放弃了热爱的篮球、放弃了很多，可到头来模拟考试一次不如一次。我该怎么办？"这是一位高三的学生来做个别心理辅导时的开场白。如果不能及时缓解压力，调整认知，不仅对高考，更会对学生的心理健康状况带来巨大的影响。

本节课设计的目的就是帮助学生积极看待自己三年来的成长与进步，肯定努力付出的价值，鼓励学生增强信心，积极面对高考及未来的人生挑战。

2. 理论支持

（1）自我效能感。

自我效能感是班杜拉（Bandura）的社会认知理论的核心内容之一。自我效能感是指人们对影响自己的事件的自我控制能力的自我知觉。自我效能感不仅是对未来行动的事先预估，而且直接影响到个体在执行这一活动的过程中的心理动力的功能发挥，从而构成人类行为的一种内部原因。

已有研究表明，自我效能在很多方面影响着个体的心理和行为。

①影响活动的选择。

自我效能感水平高的人会选择富有挑战性的任务，并期望获得成功。个体在某一方面的自我效能感水平越强，成功的可能性越大，就会越多地选择从事这方面的活动。反之，则会逃避那些自己感到不能胜任的活动。例如，数学自我效能感较高的学生，会更多地选择数学学习活动。

②影响努力的程度和坚持性，决定在困难面前的态度。

自我效能感水平高的人自信心强，有助于激发和维持向困难挑战的精神，努力实现目标。相反，自我效能感水平低的人，怀疑自己的能力，在困难面前缺乏自信，畏首畏尾，不敢尝试。

③影响活动时的情绪。

自我效能感水平高的人在活动时情绪饱满，信心十足，体验到的紧张、焦虑、恐惧水平低；而自我效能感水平低的人则是垂头丧气，充满着紧张、焦虑和恐惧。

④影响任务的完成。自我效能感水平高的学生确信自己能够很好地掌握有关知识和技能，从而集中注意力，适当运用有关学习策略，取得最佳学习效果，完成各种学习任务；自我效能感水平低的学生则总是担心失败，把思想纠缠在个人不足点上，因此不能很好地完成任务。

（2）马斯洛的自我实现理论。

我们该如何真正调动学生成长的内驱力？马斯洛的自我实现理论或许能够给予我们一些启示。

从动机论来看，马斯洛把"自我实现"描述为人类最高级的需要，是人的内在固有趋势。"一个人能够成为什么，他就必须成为什么，他必须忠实于他自己的本性，这一需要我们就可以称为自我实现的需要"，具体来说，就是"作曲家必须作曲，画家必须绘画，诗人必须写诗，否则他就无法安静"。

自我实现理论的基本内涵包括以下四个方面：自我实现是人的一种基本需要，自我实现是人的终极目标，自我实现是一个连续不断的发展过程，自我实现在心理上表现为一种高峰体验。

对于高三学生而言，如果能够明确自身价值及人生目标，将学习视为实现人生价值和目标的重要途径，则有利于发挥学生的主观能动性，调动成长的内驱力，增强学习动力及面对困难的勇气。

（3）如何培养积极健康的自我意识。

首先，在现实社会中应正确认识自我。永远不要和某一个方面处于巅峰状态的人比较。如若不然，只会自取其辱，把自己搞得自惭形秽，垂头丧气。

其次，应该积极认可自我。俗语云："金无足赤，人无完人"。每一个人都有自己的长处和短处，对自己的长处要充分发挥，对自己的短处要正确对待，既不能护短，也不应因某些短处而灰心。

应该正确对待挫折和失败。一个人在成长过程中，难免会有失败，要有勇气面对挫折，认真总结教训。人常说："失败乃成功之母"，"吃一堑，长一智"，"从哪里跌倒，从哪里爬起来"。因此，应正确地对待学习、生活中的种种困难与挫折，不向困难和挫折低头，总结经验，吸取教训，提高自己的能力，认可自己的能力，实现自己的理想。

最后，应该记住一切幸福和快乐来源于自我而非外界。给自己多一点包容，没有人是十全十美的。你周围快快乐乐生活的人大多数长相也一般，有的满脸小雀斑，有的眼睛太小，有的太胖，有的又太瘦。人们总会有这样或那样的不足，既然无法改变，那就接受吧。虽然有不足，但我们还是能生活得很好，没必要背上沉重的包袱。

3. 可替代活动
（1）收获擂台（可替代活动3）。

【辅导要点】

在收集上来的收获清单中票选大家公认度最高的收获角度，即高中阶段每位同学都会获得的成长角度，引导学生对高中生活进行理智的评估。

【活动内容】

①将每组确定的最有价值收获清单总结归纳为班级清单，然后进行票选活动。

②每位同学在班级收获清单中为三项自己认为重要的收获角度投票，最后呈现票数排名。

③在排名前三项的角度中，重新思考自己的收获及对未来发展的自我期待。

（2）放飞青春（可以代替活动4）。

【辅导要点】

释放压力，展望未来，增强信心以面对挑战。

【活动内容】

教师为每位学生准备两个气球，吹起并系好后，让学生在其中一个气球上写下自己当下最大的困难或烦恼，然后一起踩爆气球；另一个气球则写上自己的奋斗目标，一起高高抛起。

4. 活动记录单

青春我有财

请尽可能多、尽可能具体地写下高中三年在精神财富方面的收获。

1.＿＿＿＿＿＿＿＿＿＿＿；　2.＿＿＿＿＿＿＿＿＿＿＿＿；

3.＿＿＿＿＿＿＿＿＿＿＿；　4.＿＿＿＿＿＿＿＿＿＿＿＿；

5.＿＿＿＿＿＿＿＿＿＿＿；　6.＿＿＿＿＿＿＿＿＿＿＿＿；

7.＿＿＿＿＿＿＿＿＿＿＿；　8.＿＿＿＿＿＿＿＿＿＿＿＿；

9.＿＿＿＿＿＿＿＿＿＿＿；　10.＿＿＿＿＿＿＿＿＿＿＿。

青春大拍卖

竞拍前你想要竞拍哪几个？

你花费最多的是什么？竞拍成功你有怎样的感受？

_____

_____

拍得的收获对你未来的发展有什么意义？

_____

_____

拍卖记录纸

序号	拍品	成交人	成交价
1			
2			
3			
4			
5			
6			
7			
8			
9			
10			
11			
12			

心灵有弹性

生活适应

PSYCHOLOGICAL

DEVELOPMENT

LEARNING

一、活动目的

1.通过"隔板猜物"活动，促进成员互动，引发学生对心理弹性的思考。

2.通过"心理剧场"活动，介绍、讨论"心理弹性"的相关内容，引发学生对挫折应对方式的思考。

3.通过"成长彩线"活动使学生回顾曾经面对的挫折事件，以及当时的应对方式和感受，讨论并掌握增强心理弹性的方法。

二、活动准备

1.全班学生随机平均分成六组，男生女生比例协调，确定组长。

2.准备6种颜色的纸条，每种颜色的纸条数量尽可能平均，总数为班级人数。

3.准备与纸条颜色相同的6个彩色纸桌牌。

4.准备皮筋、弹力球、弹簧秤、拉力器、弹弓、网球等与弹性有关的物品（或者这些物品的图片），作为隔板猜物的道具。

5.A4纸若干张、夹板6个、活动记录单6张、笔6支。

6.用于奖励的小奖品若干。

7.每人1根彩色细铁丝，20~30厘米长。

三、活动过程

圖 活动1：隔板猜物

【辅导要点】

通过活动进行热身，促进小组成员互动，引发学生对心理弹性的思考，导入主题。

【活动时间】

10分钟。

【活动内容】

（1）划分小组，确定组长。

①全体同学进入教室时每人拿一张彩色纸条，进入教室后找到相同颜色的桌牌，在椅子上就座。

②小组成员听教师喊出"1、2、3"后，将右手食指指向自己想选的组长，哪位同学获得的"指头"最多哪位同学就是组长。

（2）隔板猜物。

①将笔和夹有足够数量白纸（32开到A4均可）的夹板发到各组。

②明确活动规则。

a.讲桌上一块儿竖板后面藏有若干种物品及其名称。

b.每组派一名成员作为表演者（或者由教师邀请一名同学作为助手），将看到的物品及名称用肢体语言的方式进行表演，表演者不可发出声音，也不可通过口型传递信息。

c.每次表演完成后，教师说"开始"，各组组内简短讨论，组长将答案写于夹板上，教师说"亮出答案"，小组举起夹板，所写物品名称最接近的小组加1分。

（3）评比与颁奖。评出最佳表演奖，得分最高的小组获得奖励。

（4）自由回答：游戏中出现的物品都有什么共性（弹性）？

（5）引出心理有弹性的主题。

📋活动2：心理剧场

【辅导要点】

通过续写故事的方式引发学生对挫折应对方式的思考，了解什么是"心理弹性"。

【活动时间】

15分钟。

（建议指导语：心理弹性会是怎样一种体现呢？不要急于回答，我们通过心理剧场的剧本续写来认真思考一下。）

【活动内容】

（1）心理剧场：大蚌壳与沙。

①给出故事的开头。

大蚌壳生活在海里，平静度日。太阳出来的时候它最高兴了，因为可以在暖暖的阳光下张开壳吐泡泡。这天，它照例在太阳下张开壳，深吸一口气，准备开始度过一天中最美好的时光。突然它感到有东西被吸到了身体里，在软软的身体上有个硬硬的东西，很难受。原来是一粒沙。它自己想办法把沙子弄出去，可只要一动就会很疼。

②各组进行限时3分钟故事接龙续写，要求每位成员轮流说出情节，后面的同学接着前面同学的思路叙述一个场景或者情节，彼此不要干涉。

③组长记录，并进行班内展示。

④选出最佳剧本奖，发放小奖品。

（2）想一想，哪组创编的剧本中，大蚌壳是具有心理弹性的呢？为什么？

（注意：结合各组的创作内容进行分析和引导，可以分小组发表意见。如果创想的内容过于荒诞，教师可以要求学生以心理弹性为核心创设一个新故事。）

（3）教师总结。

【引导要点】

（1）大蚌壳故事的原版结局：沙粒变珍珠。

（2）心理弹性是个体对生活中发生的变化及逆境进行适应和调整的能力。

（3）沙粒如同生活中突然出现的挫折和困难，人人都会遇到。

（4）我们无法决定"沙粒"什么时候到来，也不可能预测它会对你做什么，但你能够决定自己用什么样的态度对待它。

圖 活动 3：成 长 彩 线

【辅导要点】

回顾以往经历中的挫折与应对方式，交流成功的应对方式，讨论提升心理弹性的方法。

【活动时间】

15分钟。

（建议指导语：每个人的成长经历都像一段乐章，有高潮，有低谷，你的成长经历是怎样的呢？今天我们用一种新的方法进行回顾和呈现。）

【活动内容】

（1）每人发1根彩色铁丝，代表你之前的人生时长，按照长度比例确定幼年、小学、初中、高中的大概位置。

（2）将自己的成长过程以折线的方式呈现。

平直的铁丝是较为平静的时段，快乐幸福用向上弯折表示，遇到困难挫折用向下弯折表示。弯折高度代表事件带来的情绪强烈程度。

（3）组内分享：给同伴讲讲你的成长彩线作品。

（4）智慧互助。

①自己在面对困难和挫折的过程中觉得非常有效的应对方式是什么？

②如何能够提升心理弹性？

组长将讨论结果记录在小组活动记录单的相应位置。

（5）班内分享，组长代表发言。

（6）教师总结归纳。

【引导要点】

（1）对现实和自身能力有正确的认识。

（2）积极的心态，积极的行为方式。

（3）正视挫折，不逃避。

（4）构建良好的社会支持系统，学会求助。

（5）提升幽默感，对事件能从不同角度进行思考。

（6）丰富自己的课余生活。

圁 活动 4：总结与延伸

【辅导要点】

对本节内容进行概述，延伸到学生的现实生活，分析问题，寻找合理应对方案，提升心理弹性。

【活动时间】
5分钟。

【活动内容】
（1）自由发言，谈谈自己对课堂活动的感受。
（2）延伸作业。

自己近期是否也遇到了沙粒？如果还没有想到好的办法，根据今天的所学选一种合理的方法去试试。

四、活动素材库

1. 设计背景

心理弹性的研究目的在于探索个体如何更好地适应环境及提升生存能力，将灾难和困境对自身的消极影响最小化。提升自身心理弹性水平，即是提高抗挫折能力。高中阶段是学业压力较大的阶段，也是学生在学习、人际交往等方面容易出现适应问题的时期。对该阶段学生的心理弹性进行积极训练，挖掘心理潜能，可以大力促进学生形成良好的社会适应能力，实现身心健康发展。

本课针对高三学生与日俱增的学习压力所带来的情绪问题和行为反应偏差而设计，通过丰富的活动针对主题进行由浅入深的探索，以心理弹性作为讨论分析角度，引导学生正确看待挫折，提升自身应对挫折的信心和勇气，重视对心理弹性的自我训练和提升，为高考及未来的大学生活做好准备。

2. 理论支持

（1）心理弹性。

"心理弹性"英文是"resilience"，不同地区也有不同的译法。台湾研究者翻译为"复原力"，香港学者则主张翻译为"抗逆力"或"压弹"，大陆研究者普遍认为是"心理弹性""心理韧性"。

心理弹性的定义：

科学意义上的心理弹性概念，在学术界尚未有一致而确切的定义。不同研究者对心理弹性的定义有不同的偏重，大体上可以分为三类：能力性定义、结果性定义和过程性定义。

①能力性定义，将心理弹性视为个人的一种能力、品质，是个体具有的一种特征和内部力量，使个体在危机或者压力情境下，发展出相应的应对方式，使个体适应不断变化的外界环境。

②结果性定义，从发展的最终结果上来定义心理弹性，把弹性看作一种现象，这种现象的特点是个体面对严重的威胁时，依然能良好地适应和发展。

③过程性定义，将心理弹性看作动态的发展变化过程，主要指个体在明显逆境的情况下，积极适应的动态发展过程。

人有自发调适与复原潜在的认知、情感和行为能力的倾向，人们为了朝向正向的、积极的目标会有一个利用各种资源不断地调适和修补的过程。心理学家认为心理弹性是个体对生活中发生的变化及逆境进行适应和调整的能力。

（2）中学生普遍存在的应对方式：

①问题解决：指个体通过积极的认知和行为上的努力，使问题得到解决或压力源消失。

②合理解释：指为自己的行为找一个理由，以便减轻自己的痛苦。

③寻求支持：指个体寻求工具支持或情感支持方面的内容。

④发泄情绪：指个体把不愉快的经验发泄出来，以减轻挫折和压抑。

⑤逃避：指个体用回避的态度应对问题或者用消极的认知方式看待问题。

⑥忍耐：指个体对烦恼和挫折采取忍受的方式来摆脱现实的烦恼和困难。

⑦幻想：指个体采取想象和虚构的方式来摆脱现实的烦恼和困难。

（3）如何提升心理弹性。

①对现实环境有正确的认识，对来自各方面的困难有充分的心理准备，提高自我的觉察能力，了解自己的实际能力。

②在挫折中能够有积极的心态，采取积极的方式解决问题。

③正视挫折，在挫折事件中不断地感悟、体会、分享，获得深层次的认知，从经历挫折中去成长。

④提升自己的社交能力，构建良好的社会支持系统，学会求助。

⑤提升幽默感，对事件能从不同角度进行思考。

⑥全面认识自己、悦纳自己。

⑦丰富自己的课余生活。

（4）大蚌壳与沙的故事。

大蚌壳生活在海里，平静度日。太阳出来的时候它最高兴了，因为可以在暖暖的阳光下张开壳吐泡泡。这天，它照例在太阳下张开壳，深吸一口气，准备开始度过一天中最美好的时光。突然它感到有东西被吸到了身体里，在软软的身体上有个硬硬的东西，很难受。原来是一粒沙。它自己想办法把沙子弄出去，可只要一动就会很疼。

于是，大蚌壳开始分泌黏液。它想，如果有黏液湿润，沙粒可能会比较容易弄出去吧。可虽然有了黏液，沙粒还是固执地留在大蚌壳的身体里，纹丝不动。它想，也许是不够湿润吧，还有，这些黏液好像让自己不太痛了。于是大蚌壳继续分泌黏液……日子一天天过去，黏液没有把沙粒弄出，却把沙粒一层一层地包裹起来。每天，大蚌壳都分泌黏液包裹沙粒，却似乎忘了当初分泌黏液是为了把沙粒赶出去。渐渐地，被黏液包裹的沙粒越来越像自己的一部分，它的存在不再让大蚌壳痛苦。

日子一天天过去。有一天，一位渔人把大蚌壳带到岸上，当他打开贝壳的时候，被眼前的一切惊呆了——一粒光彩夺目的大珍珠静静地躺在贝壳里！原来，当初的沙粒在黏液的层层包裹下，变成了珍珠。人们在赞美它光彩夺目的时候，也在思考，什么样的大蚌壳才能孕育出这样美丽的珍珠！

3. 可替代活动
（1）生命线（可以替代活动3）。

【辅导要点】

通过绘制生命线，并分享每一个阶段发生的事情，感受成长以挫折为阶梯，不经历风雨难以获得勇敢坚强。

【活动内容】

①在空白纸上建构一个坐标系，横轴代表年龄，从出生开始直至今天，也可以向未来延伸；纵轴代表满意度，满意度从低到高为1到10。

②以曲线或者折线的形式，将自己对每一个人生阶段的感受描画出来，看看是跌宕起伏还是波澜不惊。

③和伙伴交流遇到挫折，即出现低谷时发生的事情，以及自己当时的应对方法和现在的感受。

④分析应对挫折和提升心理弹性的有效方法。

（2）我是蚌壳我的沙（可以替代活动3和4）。

【辅导要点】

结合蚌壳的故事，对成长过程进行回看和分析，彼此分享和互助探索心理弹性的培养要点，这是提升耐挫能力的有效途径。

【活动内容】

①从以往的生活经历中检索有益于自己成长的故事，和伙伴分享。

②如果班内有经历过很多挫折，意志坚强、勇敢负责任的学生，请他分享自己的成长感受，效果会更好。

③可以结合高考的备考任务，具体讨论当下的"沙"如何变珍珠。

4. 活动记录单

心理剧本续写

成长彩线

PSYCHOLOGICAL

DEVELOPMENT

LEARNING

一、活动目标

1.通过"情绪大巴车"活动，引导学生检索高三以来的情绪状态，正确辨别积极情绪和消极情绪。

2.通过"情绪加油站"活动，集思广益，讨论调节消极情绪的有效方法。

3.将有关情绪的合理观念和有效调节方法与自己的实际相结合，引导学生正视考前存在的压力，培养积极乐观的应考态度，增强自信心。

二、活动准备

1.依据场地条件和班级人数分组，每组6~8人，确定组长；桌椅呈马蹄形摆放，留出活动空间。

2.印制活动记录单（见活动素材库）。

3.每组一套彩色笔，红、黄、蓝三种颜色笔多准备几支。

三、活动过程

📖 活动 1：词 语 接 龙

【辅导要点】

热身活动，以正向表达的词语接龙游戏调动学生积极性，营造欢乐愉悦的课堂氛围，引出班会课主题。

【活动时间】

8分钟。

【活动内容】

（1）每组选派一名选手参加活动，各组选手到教室中间的活动空间围成一个圆圈，参加词语接龙活动。

（2）词语必须是四个字组成，且必须是正向表述，不可以接词义消极的词语。

（3）猜拳赢的选手先开始，起始词为"心情愉快"，顺时针依次接龙。

（4）接龙时停顿时间不可超过3秒，超时即取消本轮资格；接对一个词得1分，接语意消极的词不得分。

（5）同组同学可以作为智囊提醒本组选手。

（6）请两名助手作为记录员，为每组选手记录成绩。

（7）计时5分钟，给每位队员发小礼物。接龙成绩最高的先选，如果成绩相同猜拳定先后。

（注意：奖品差别不要太大，比如糖果，不同口味即可。）

（8）自由发言：听到这么多积极的正向词语，你有什么感受？

（9）教师总结，引出主题。

积极词语正如给"情绪大巴车"加上的油。

📖 活动 2：情绪大巴车

【辅导要点】

通过本活动，引导学生检索升入高三以来自己常见的情绪有哪些，正确辨别哪些属于积极情绪，哪些属于消极情绪。

【活动时间】

15分钟。

（建议指导语：繁忙的高三生活过半，你会有哪些感受呢？通过"情绪大巴车"重温一下曾经走过的高三时光，通过不同颜色的车窗可以看到不一样的风景，看一看你曾经体验过哪些情绪。）

【活动内容】

（1）在活动记录单的相关栏目中自行设计一辆"情绪大巴车"，要求至少画出6个以上的车窗。

（2）在车窗上写出你高三以来体验过的情绪，每扇窗户写一种情绪，体验的情绪越多车窗就越多。

（3）给"情绪大巴车"涂色，你认为是积极情绪的涂成红色，消极情绪的涂成蓝色，介于两者之间的涂成黄色。也可以给你的"情绪大巴车"车身装饰美化一下。

（4）小组交流，组长总结记录。

交流主题：

①升入高三以来体验到的积极情绪和消极情绪有哪些？

②应该如何界定情绪是积极的还是消极的？

（5）班内分享，组长代表发言。

（6）教师总结。

【引导要点】

（1）同一种情绪给不同的人的感受和影响并不相同。

（2）针对学习效果而言，推动学习目标实现的就是积极情绪，阻碍学习目标实现的就是消极情绪。

（3）消极情绪的存在是正常现象，关键在于寻找和使用有效的方法进行调节与控制。

活动 3：情绪加油站

【辅导要点】

引导学生正确鉴别积极情绪与消极情绪，对消极情绪既不要回避，也不要夸大，并讨论应对消极情绪的有效方法，优化备考的心理状态，为高考冲刺阶段的复习做好积极准备。

【活动时间】

15分钟。

（建议指导语：情绪系统犹如天气一样，倏然间风云变幻，然而情绪并不真的是天气，它可以用我们自己的力量进行调节，甚至更改方向。如果颜色过于暗沉，"情绪大巴车"就会疲累而缓慢，我们要学会为情绪加油，为自己加油。）

【活动内容】

（1）小组讨论。

①你的消极情绪源自哪里？

②应对消极情绪的有效方法有哪些？

（2）小组派出代表发言，班内交流分享。

（3）教师总结。

【引导要点】

（1）高三的消极情绪，很多来自高考的压力。

（2）压力引发的常见情绪有：紧张、焦虑、抑郁、愤怒等。

（3）消极情绪的应对要点。

①主动倾诉。可以信任的人、心理辅导或咨询的专业人士，均是适宜的倾诉对象。问题比较严重时，必须主动接受心理辅导。

②坚持运动。慢跑、打球及其他可以长期坚持的体育运动是很好的调节方法。

③主动放松。听音乐、唱歌、跳舞、散步或者睡觉，都是放松的方法。

④转移注意力。将注意力主动从关注的对象上移开，暂时转向其他生活角度，待心情改变之后再慢慢梳理。即用一个活动代替另一个活动。

⑤适度宣泄。注意宣泄方式不要再带来新问题。

⑥对自己所处的环境、所经历的事件或者所感受到的情绪重新评价。

📖 活动 4：总结与延伸

【辅导要点】

将有关情绪的知识运用到自己的实际生活中，对自认为积极或者消极的情绪进行重新评价，并针对自身体验到的消极情绪制定调整方案。

【活动时间】

7分钟。

（建议指导语：无论做什么，心态都具有巨大的影响力，无论我们所处的情境好坏，都要尽量尝试抱着积极的心态，很多时候心态是我们唯一能掌控的东西。）

【活动内容】

（1）重新评估自己的消极情绪，看看哪些是属于正常的范畴，哪些是可以转化成动力的，以及如何转化。

（2）哪些消极情绪是自己无法应对的，希望可以获得哪些帮助。

四、活动素材库

1. 设计背景

高考的备考和应试不只是对学生知识和能力的检查，更是对学生心理素质的全方位考验和训练，如心理承受能力、心理调节能力等。心理学研究告诉我们，压力是以情绪为中介影响着人们的身心健康，对于情绪的觉察、辨别和应对，也是高三学生要完成的重要成长任务。

高考临近势必会带来越来越大的压力，然而每个人的心态不同，行为反应也就不同。本节课以"情绪加油站"为主题，通过课堂活动引导学生客观分析自己在应考中的心理状态，了解自身存在的压力，并通过交流分享，了解他人的状态，彼此借鉴应对消极情绪的有效方法，学会以积极心态克服困难。积极的情绪、坚韧的性格，是沉着应对所有压力情境所必备的基础条件。

2. 理论支持

（1）考前焦虑的表现和产生原因。

高三学生学业焦虑主要表现为考试焦虑和学习动力不足。学生考试焦虑体现在对考分的过分看重，说到底是对自己未来前途的焦虑。之所以如此，原因有三：

①由于群体效应，将分数作为衡量学生能力的唯一指标。

②不自觉地将获取高学历等同于自己的人生价值。

③学生渴望自我实现与现实学业成绩的不理想而导致的认知不

协调。

（2）如何减轻过重的学习负担。

只有减轻过重的学习负担，才能减轻学习上和精神上的压力，才能健康愉快地成长。为了缓解和消除考试焦虑，可以尝试以下几个策略：

①选择适合自己的目标水平，过高或过低的目标都容易降低学习效果。目标过高容易使自己产生失败体验而导致心理压力；目标过低则容易精力涣散，行动拖延，浪费时间。

②未来对于每一个人来说都是一个未知数，不要过多地担忧将来的事情，而应将自己的精力和时间投入到现实的生活和学习中去。

③考前要做好知识储备，想好应付考试突发事件的对策，做好心理准备，有备才能无患。

（3）超越自卑观念。

精神分析者阿德勒在《超越自卑》一书中说："事实上，每一个人都是自卑的，只是程度不同而已。因为我们发现我们所处的现状都是可以进一步改善的。"从这个意义上说，自卑也可成为一个进步的动力，人生正是在对自卑的不断超越中而渐入佳境的。但是，持久的、过分的自卑感则容易造成心理疾患。在遭遇挫折时，同学们不妨尝试以下策略：

①对自己有一个客观、全面的评价。

②善于将成功归结为自己的能力。

③体验内心的喜悦感和成就感，要相信之所以失败是由于自己努力不够或无效努力。

④制订阶段性目标。

⑤在不断达到目标的过程中体验成就感。

⑥乐观、平静地对待挫折，因为挫折对于成功同样是必要的。

（4）积极心态。

①执着：对个人和团队目标、价值观坚定不移的信念。

②挑战：勇敢地挺身而出，积极地迎接变化和新的任务。

③热情：对自己的工作具有强烈的感情和浓厚的兴趣。

④奉献：全心全意完成工作或处理事务。

⑤激情：始终对未来充满憧憬和希望，全力以赴地投入。

⑥愉快：乐于接受微笑、乐趣，并分享成功。

⑦爱心：助人为乐，感恩心态。

⑧自豪：因为自身价值或团队成绩而深感荣耀。

⑨渴望：强烈的成功欲望。

⑩信赖：相信他人和集体的素质、价值与可靠性。

（5）《积极情绪的力量》（作者：芭芭拉·弗雷德里克森）。

积极情绪是美好的东西。培养积极情绪能够使我们更加愉快地生活和工作。因为幸福的人，活得更快乐、寿命更久，更容易获得成功。

怎样才能活得更好？良好的情绪，能够增强我们的机体免疫力，提高机体抗病能力；积极情绪，能够使我们心情愉快、乐观豁达或心平气和。

积极情绪有10种形式：喜悦、感激、宁静、兴趣、希望、自豪、逗趣、激励、敬佩和爱。

作者提供了11种增加积极情绪的方法：真诚；找到生命的意义；品味美好；数数你的福气；计算善意；追随你的激情；梦想你的未来；利用你的优势；与他人在一起；享受自然的美好；打开你的心灵。

3. 可替代活动

（1）发现之旅（可替代活动2）。

【辅导要点】

可以结合半年的高三生活体验，与高一和高二的生活相比，发现自己、伙伴、老师及生活本身出现的变化，引导学生认识高三生活对自身成长的促进作用，并从中看到积极的改变和消极的角度。

【活动内容】

①以列表，或者绘图加标注的形式，完成发现之旅作业。

②小组交流，总结归纳高三生活的变化，哪些是正常的变化，哪些是消极的现象。

③班内交流，小组代表发言。

④教师总结。

改变无处不在，发现积极的改变是重要能力。

（2）好心情策划师（可替代活动3）。

【辅导要点】

提供积极情绪的形式及增加积极情绪的方法等资料，引导学生结合自己的实际进行积极情绪的自我规划。

【活动内容】

①小组讨论：积极情绪如何表现，怎样获得积极情绪。

②组长代表发言，班内交流。

③教师总结（参考活动素材库理论支持部分）。

4. 活动记录单

"情绪大巴车"

情绪加油站

议题1：

_____

_____

_____

议题2：

_____

_____

_____

总结与延伸

※能够转化的消极情绪：

_____

_____

_____

※不能转化的消极情绪，希望得到哪些帮助？

_____

_____

_____

第22堂

友谊地久天长

人际关系

PSYCHOLOGICAL
DEVELOPMENT
LEARNING

一、活动目的

1.通过"时间拼图"活动导入主题，引导学生感悟光阴变换中自己内心的成长及伙伴间的情感变化。

2.通过"我的朋友圈"活动，引导学生分析自身的人际关系情况，认识良好人际关系对个体的积极作用，明确关注和提升社交能力的重要意义。

3.通过"时光隧道"活动，回顾高中生活中的温馨往事，感受友谊的美好，携手同行，互相激励，迎接人生的挑战。

二、活动准备

1.依据场地条件和班级人数划分小组，每组6~8人，确定组长。

2.准备时钟图片，可以每组不同，用A4纸打印，一面印上一个彩色的钟面，另一面印上"友谊"两个字。每组一张，将图片剪成均等的12块放入信封。

3.每组一盒彩色笔，每人一份活动记录单。

4.每人一张32开彩纸印制的友谊感言卡。

5.收集从高一开始班级活动的照片，也可以征集学生与朋友的合影照片，或者视频，歌曲《友谊地久天长》。

三、活动过程

📋 活动1：时间拼图

【辅导要点】

通过小组完成"时间拼图"活动进行热身，并以思考和探讨时光与友谊有何关联导入主题。

【活动时间】

10分钟。

（建议指导语：今天我们要玩一个团队合作的游戏，看看哪组同学最有默契，比赛的内容是大家都比较熟悉的游戏：拼图。）

【活动内容】

（1）每个小组抽取一个信封，每个信封里都有一份12块的拼图，不提供原图，请同学们共同合作，完成拼图。

（注意：拿到信封后即禁止讲话，直至拼图完成。）

（2）听教师指令开始打开信封，拼好后组长举手示意，全组成员安静坐好等待作品验收。

（3）限时2分钟，遵守规则的前提下，限定时间内完成的小组均获得合作奖，最快完成的小组获得合作优胜奖。

（4）请优胜小组发表获奖感言。

（5）问题思考。

①每个小组都是按照时钟图案拼的吗？是否有按照背后的词语拼的？

②拼图一面是时钟，一面是"友谊"，友谊和时间之间有什么关联？

（6）教师总结。

完成任务可以有不同的方法，适合的就是好的。

通过探讨时间与友谊的关联引出本节课主题：友谊地久天长。

📋 活动 2：我的朋友圈

【辅导要点】

本活动主要目的是引导学生分析自己的人际关系状况，并感受和体会高中阶段自己的内心越来越丰富，心理需求也不断上升，对于友情会有更为深刻的看法，培养和提升社交能力具有深远意义。

【活动时间】

15分钟。

（建议指导语：高中三年倏然而逝，伙伴们一起长大是很深的缘分，对于友谊大家的看法会有不同，相应的人际关系状况也各不同，该如何看待朋友的分类及人际关系对我们的影响呢，请你先来设计一个朋友圈看看吧！）

【活动内容】

（1）在活动记录单上"我的朋友圈"位置完成绘制，朋友圈是一个同心圆的形式，最内圈写上自己的名字，然后从内到外代表关系由深及浅。

（2）给每一层朋友圈起一个群名称，并加上特征描述，如是什么样类型的伙伴可以进入这个朋友圈，大概有几个人能进入这个朋友圈。

（3）可以用彩色笔进行设计和装饰，时间3分钟。

（4）小组交流，组长记录、总结，时间3分钟。

交流内容：

①朋友圈有几层？每一层的特点是什么？（组长要记录并计算本组同学的朋友圈平均有几层）

②不同的朋友圈对自己的意义是什么？（组长对于一致的意见进行归纳）

（5）班内分享，组长代表发言。

（6）教师总结。

教师根据组长发言总结。

【引导要点】

（1）每个学生都有属于自己的朋友圈，朋友的多少不是最重要的，关键是朋友的质量，要找到适合自己的朋友。

（2）良好的人际关系对每个人都有重要意义。

（3）目前同学们的交友状况差异比较明显是正常现象，与年龄、性格及高中生的角色特点密切相关。

（4）随着年龄增长和社会活动增多，朋友圈的层数、名称和类别、功效都会变得更加丰富。

（5）注重社交商的提升，社交能力是升入大学之后要认真学习和训练的，良好的人际关系作为社会支持系统，是身心健康、工作顺利和生活幸福的基础条件。

圖 活动3：时光隧道

【辅导要点】

通过回顾升入高中以来集体活动的照片或者视频，体验相伴成长的美好，融洽同学关系，创造温暖友好的班级氛围，缓解备考中积累的紧张情绪，减少负性情绪。

【活动时间】

15分钟。

（建议指导语：3 年的高中时光，于你而言，无论是靓丽为主还是晦暗更多，是欢乐愉悦还是烦恼重重，都是人生一段不能忘却的深刻记忆。相伴成长是一种深深的缘分，青春的欢笑与泪水大家彼此见证。）

【活动内容】

（1）播放编辑好的图片或者视频。

（2）自由发言：穿过时光隧道，你有哪些感想？（每组邀请一名同学发言）

（3）教师总结。

肯定学生的发言，激励全班学生在最后的备考时光里团结友好，彼此理解、支持和鼓励，共同迎接高中生活最后的检验，向友谊和未来致敬。

📋 活动 4：总结和延伸

【辅导要点】

以书写友谊感言卡的方式鼓励学生彼此理解，互相接纳，以积极情绪共同迎接最后阶段的备考。

（建议指导语：穿过时光隧道，我们重温之前生活的点滴，希望大家能够感念友谊的美好，相互陪伴，共同面对高考的挑战。）

【活动时间】

5分钟。

【活动内容】

（1）发放友谊感言卡，为伙伴们送去感谢和祝福，播放《友谊地久天长》作为背景音乐。

（2）用友谊感言卡在班内做主题文化布置。

四、活动素材库

1. 设计背景

良好的人际关系既是心理健康的基本标准之一，又是个体生活、学习和工作状态的重要影响因素。高中生心理成熟水平剧增，对友情有着越来越深刻的认识，不再如少年时简单强调形影不离、互相陪伴等外在形式，而是有着越来越多的心理和精神需要希望能够从朋友那里得到满足。正因为如此，高中生对于朋友的数量和质量会有更个性化的要求，出现问题的比率增加，问题本身也更为多样。

高中是为学生不久之后的成年生活作准备的重要时期，除了学业之外，人际交往能力也非常重要。面对即将而来的高考及随之而来的大学生活，需要引导学生理性思考建立良好人际关系对自身的重要意义。除此之外，越临近高考学生的情绪状态越紧张，冲突和矛盾也会相应增多，在这个时段切入关于友谊的讨论，也可以引导学生珍惜与伙伴的缘分，以团结互助的美好情感共同迎接最后的备考冲刺阶段，意义广泛。

2. 理论支持

（1）关于友谊。

友谊（friendship）是人们在交往活动中产生的一种特殊情感，它与交往活动中所产生的一般好感是有本质区别的。友谊是一种来自双向（或交互）（reciprocal）关系的情感，即双方共同凝结的情感，任何单方面的良好都不能称为友谊。友谊以亲密为核心成分，亲密性也就成为衡量友谊程度的一个重要指标。

罗杰斯（Rogers，1985）将友谊的亲密性概括为三点：

第一，双方能够向朋友表露自己的思想感情和内心秘密。

第二，对朋友充分信任，确信自己对朋友所叙述的话会被朋友所尊重，而且不会被泄露出去或者用以反对自己。

第三，友谊的亲密性存在于少数的密友或知己之间。

（2）影响中学生友谊形成的因素。

第一，交往环境。因为地理位置的接近，或者接触机会的增多，容易使同学们之间形成友谊。所以座位或者家庭住址比较近的同学，或者有机会共同参加活动的同学间更容易产生交往的话题，形成初步的友谊。

第二，交往双方的个人特质。这其中包括个人的品质、爱好、性格等。其中，讲信用、诚信等品质是保证双方顺利交往的重要条件，价值观、爱好、性格、理想等方面的相似也是产生人际吸引的重要因素。

第三，交往因素，包括交往动机和交往行为。当一个人的交往动机由关注个人的得失变成关注双方的利益时，双方的关系就会逐渐从简单的交换性质的关系变成亲密关系。在交往中常出现的亲密行为包括：情感支持，个人自我表露，相互陪伴和相互支持，等等。

（3）高中生择友的注意事项。

①选择朋友应是多层次、全方位的。

朋友是一个志同道合的伙伴，通常与自己有着相似的性格或爱好，但是结交的朋友应该是多种类型的，既有与自己相似的，又有与自己互补的，这样的朋友能在各方面给自己帮助，开阔自己的眼界。

朋友越多给予我们的帮助可能越大，如有的朋友能给我们指点迷津，在困境时给我们帮助；有的朋友能直接指出我们的错误，让我们不被假象迷惑；有的朋友能与我们玩到一起，丰富我们的生活；有的朋友能安慰我们，抚平我们的伤痛，等等。

②把握好择友的标准。

虽然鼓励大家广泛交友，但是不代表可以随意交友。每个人在交友之前都应该有明确的择友标准，这样在结交朋友时才能有自己的主见，能够坚定自己的立场，而不是随波逐流。

同时我们也要知道，人无完人，世界上没有十全十美的存在，对朋友的一些自己并不很喜欢或者不认同的特点，只要不违背择友的基本原则，就要有所包容，不能因为一点小的缺点而全部否定，拒人于千里之外，这样就很难获得朋友了。其实，对于一些性格不同、兴趣有异的人，我们也可以适当地接触和了解，说不定会有意想不到的收获。在与不同类型的人交往的过程中既可以加深对各种各样的人的了解，又可以提高社会交往的基本能力。

③全面深入了解对方。

对人友好是一种美德，但是想要成为长久的朋友，我们也应该对朋友的为人有所了解，所谓亲君子而远小人。亲密的朋友关系必须建立在较全面、深入的了解之上。了解一个人可以通过别人的介绍，了解其以往的为人处世特点，但是不可全信。关键还是要依靠自己的观察和判断，只要留心观察，对方的特点，尤其是品质和为人处世的态度，都可以基本了解，这样才能交到一个适合自己的朋友。

另外，即便确认可以成为朋友，也应该保持一定的距离，因为每个人都是一个独立的个体，尤其是高中生已经接近成年人，需要自己的空间，保有自己秘密。彼此理解和尊重，朋友之间相处起来会更加愉快，友谊更加长久。

④要学会经营自己的友谊。

交友是双向的，需要双方经常进行有益的交流和互动才能持续下去。如果我们仅仅建立了友谊，而不注意维护，随着时间的推移，同伴之间的友谊可能会逐渐淡化。所以，当我们交上朋友之后，应该有主动维护的习惯，可以利用业余时间，多与朋友进行联系，通过不断的交流和互动，友谊才会越来越紧密。

⑤适当的时候要学会放弃。

任何事情都不能强求，友谊也一样。所以如果我们发现某位朋友不再适合自己，就没有必要执着维持下去，否则既耽误了自己的宝贵时间，还影响心情，搞不好还可能反目成仇。只要相处融洽时是真诚地对待了朋友，其他的就可以顺其自然，任何一段美好的友情都能成为自己一段值得纪念的成长回忆。

（4）人际交往的重要意义，集中体现在以下几个方面。

①人际交往能够帮助人们适应社会生活。

人具有社会属性，必须通过交往不断完善自己的个性，掌握社会生活中的各种行为规范，成为合格的社会成员。人在交往中发生社会行为，参与社会劳动和社会生活，同时也在交往中获得安全感和自我发展的机会。

②良好的人际交往能提高工作和学习的绩效。

人际交往状况的好坏，对于学习和工作都有较大的影响，最直接的作用，就是影响工作效率。在团体中通过人际交往，可以营造和谐的学习或工作氛围，团体成员能够做到感情融洽、认识一致、行动协调，劲儿往一处使，就会大大提高工作和学习效率。另外，在学习过程中，良好的人际关系可以使自己心情愉快，遇到难题迅速得到帮助，能够提高学习兴趣，加快学习进度。

③人际交往可以促进不良行为的改变。

在交往当中，一方的思想、观念和行为势必会对另一方产生影响，起到暗示或感召的作用。在人际关系良好的团体当中，个体产生的不良行为会得到迅速的反馈，而且也比较容易获得帮助，或在榜样的影响下不断约束自己，及时改正错误。许多调查研究表明，在校学生出现行为问题甚至走上违法犯罪的道路，很大程度上与人际交往不良相关。

④人际交往对于青少年的健康成长具有特殊重要的意义。

青少年是人一生中参与集体活动的全盛期，对交往的需要最为强烈，如果人际交往不良，可能导致各种心理及行为问题。因缺乏必要的交往容易形成孤独的心理和行为，表现为胆小、怕羞、不和群、极易激动，或表情淡漠，或忸怩作态。良好的人际关系会令人心情舒畅，获得安全感和自信心，从而促进身心健康发展。

⑤人际交往是青少年多彩人生的重要组成，友谊是生活的主旋律。

友谊是青春时期盛开的最美的花朵，能够帮助青少年不断成长，促进青少年自立，以正确的心态和勇敢的精神面对人生的风风雨雨。有人说没有友谊的青春是残缺的，人生也是残缺的，可见交往对个体的重要意义。

⑥对于中小学生来说，交往还是一门掌握生存技能的学问和艺术。

对于一个能够独立生存的个体来讲，人际交往是必须掌握的一种基本技能。中小学生在积累知识的同时，还要形成主动与人交往的意识，掌握与人沟通的技巧，培养与人相处和解决交往问题的能力，这是将来处世立命的基本要求。

3. 可替代活动
（1）往事检索（可替代活动2）。

【辅导要点】

通过回顾自己和朋友相处的故事，或者自己知道的感人的友情故事，与伙伴分享，讨论友谊与每个人的生活的关联和影响。

【活动内容】

①在小组内轮流发言，讲述友情故事，可以是自己的，也可以是别人的。可以是开心的，也可以是遗憾的。

②自由发言，谈谈自己对友谊与生活的看法。

（2）友谊论坛（可替代活动2、3）。

【辅导要点】

通过讨论"友谊何需地久天长""友谊何以地久天长"，澄清友谊的真谛，探索良好人际关系建立的基本规律。

【活动内容】

①分小组讨论。

论坛主题：友谊何需地久天长、友谊何以地久天长。

将两个议题平均分派给各小组，组长抽题。

②班级论坛。各小组派出发言人，针对抽到的论坛主题依次发表即兴演讲。

③评选最佳发言人，颁发小奖品。

④教师总结。友谊的意义及建立友谊的基本规则（结合学生发言，参考理论支持部分相关内容）。

4. 活动记录单

我的朋友圈

小组交流记录

心想事成

生涯探索

PSYCHOLOGICAL

DEVELOPMENT

LEARNING

一、活动目的

1.通过"梦想殿堂"活动，给同学们展示世界各地高校的著名景点，展示大学精彩的生活片段，开阔视野，导入主题。

2.通过"梦之塔"活动，以马斯洛需要层次理论为牵引，立足当下，展望高考和大学生活，激发学生以梦想为激励，树立发展目标，坚定心想才会事成的信念。

3.通过"放飞祝福"活动，引导学生之间相互鼓励，珍惜彼此的高三生活，让心情带着希望飞翔。

二、活动准备

1.课前收集国内外名校的图片（约30张），并准备好对应的解说稿（可以事先分组，布置准备工作，每组5个大学，组间不重复，课堂呈现）。

2.按照场地条件和班级人数分组，每组8人左右，确定组长。

3.印制活动记录单（见活动素材库）。

4.励志歌曲，如《怒放的生命》。

5.每组一张A3纸，彩笔每组一套以上。

三、活动过程

📖 活动1：梦想的殿堂

【辅导要点】

通过展示大学校园优美环境的图片及简介大学生活的点点滴滴，激发学生对美好大学生活的向往，使其更加发愤图强，向自己心目中的大学奋进。

【活动时间】

10分钟。

（建议指导语：随着高考的临近，同学们辛苦而疲惫，然而美好的大学生活也即将展开。大学经常被称为梦想开始的地方，年轻的你们，将会在几十天以后，起飞去探索自己的梦想。虽然大学各有不同，我们能去和想去的也不一样，但是梦想，对于每一个人而言都是一样的。今天我们来了解一下世界著名的学府，这些美丽的校园也是世界闻名的人文景观。）

【活动内容】

（1）播放高校著名景点的视频和解说（如果是分组完成，可以每组派出"名校之旅导游"，逐一为同学们介绍）。

（2）自由发言：为什么大学会被称为"梦想殿堂"？

（3）教师总结。

（建议指导语：很多同学对大学都充满了美好的期待，当然，对于心仪的大学，总会有人觉得没有信心可以考上。高考快来了，在抵达梦想的彼岸之前，我们如能正确认识到自己现在的状况，并不断努力，未来一切皆有可能！）

📖 活动 2：彩绘梦之塔

【辅导要点】

引导学生以马斯洛需要层次理论金字塔为牵引，绘制自己的梦之塔，畅想属于自己的大学及未来生活。

【活动时间】

20分钟。

（建议指导语：梦想的力量强大无比，不想当将军的士兵不是好士兵。所谓生涯，是随着人生角色的转变而划分成若干阶段，但是每个阶段之间并无缝隙，一段生活的结束即是另一段生活的开始。我们今天要做的事情，是为了完成当下的任务，更是为了给下一段人生旅程作好准备。你的梦想是什么？不论大小，不论清晰与否，有梦想就有力量。）

【活动内容】

（1）每个同学一张梦之塔模型图，每组一盒以上彩笔。

（2）按照马斯洛需要层次理论金字塔的导引，绘制自己的"梦之塔"，发挥想象力和创造力，限时10分钟。

（注意：活动记录单中提供马斯洛需要层次理论的基本内容，引导学生从自己希望的生活条件、如何保障安全感、如何建立亲密关系、如何获得尊重以及怎样实现自己的人生价值五个方面绘制自己的梦想塔。基于基本需要，多角度的梦想建构对学生更具有引导意义。）

（3）小组交流与分享（5分钟左右）。

（4）每组选出最佳作品，参加全班分享（5分钟左右）。

（5）教师总结。

【引导要点】

（建议指导语：心理学家告诉我们，很多人都希望心想事成，但只有少数人才能真正取得成功，其中，消极的态度是导致失败的一个重要原因。绘制梦想塔，就是希望同学们能够以积极态度面对未来。）

（1）心想才会事成。

（2）积极生活态度有助于摆脱困境。

（3）乐观精神是良性发展的必需。

📋 活动 3：放飞祝福

【辅导要点】

通过书写积极的祝福语言，制作祝福海报，彼此放飞正向的信念，互相激励，更加主动认真地完成备考任务，朝向自己的人生理想进发。

【活动时间】

10分钟。

【活动内容】

（1）每组一张A3纸，小组成员轮流在纸上写下对伙伴的祝福，制作成祝福海报。

（2）全部写完后，对小组祝福海报进行美化和修饰。

（3）组长代表在全班展示本组作品。

📋 活动 4：总结和延伸

【活动时间】

5分钟。

【活动内容】

（1）送出教师的祝福，或者请各科教师为学生送出祝福。

（例如：祝愿同学们燃烧高三激情，遇见心想事成的自己！）

（2）将各组祝福作品在班内进行文化展示。

四、活动素材库

1. 设计背景

面对高考，不管是学生、教师还是家长，都处在一个高度紧张的状态之下。尤其是高三下学期，来自各方面的压力使得学生容易因为疲惫而松懈，因为消极而放弃。营造一个积极向上，不断进取的班级氛围，激发学生为梦想而积极努力，宣扬精神上的动力因素，会对这个阶段的学生大有助益。

高三学生为了高考而倾注着大量的心血和精力，但对于高考到底是为了什么，随之而来的求学之路又是怎样一番景象等问题所思不多。面对不确定的明天，学生容易在忙碌的学习生活中迷失方向，降低动力。本节班会课，通过引导学生畅想未来，激发其对未来发展的积极态度，以心想才会事成为引导，鼓励学生保持积极乐观的态度，坚定立足当下、追求理想的信心。

2. 理论支持

（1）马斯洛需要层次理论。

人本主义心理学家马斯洛在20世纪40年代提出需要层次理论，将研究的焦点放在心理健康的个体身上。马斯洛认为人的行为都是由需要引起的，他从个人生活的角度出发，提出了动机理论，也叫需要层次理论，如今已经为人们所熟知。人们的需求包括如下几方面：

①生理需要：保持生命存在的生理需求。

②安全需要：活着，不被伤害，生命稳定感、秩序、避免痛苦。

③爱和归属的需要：占有他人（自私的爱），关怀他人（是基于成长的、不自私的爱）。

④尊重需要：自尊和来自他人的尊重。

⑤自我实现的需要：我想要什么，我要往哪里去，我要达到什么目标。

马斯洛认为这些需求使人处于不满足的状态，也就是说，没有人可以长期满足，一种需求获得满足之后，另一种需求就接踵而来。这些需求是由低到高逐渐上升的，呈金字塔形排列。马斯洛认为必须满足了较低层次的需求之后，才能满足高层次的需求：先满足了生理需要和安全的需要，才能有爱和归属的需要以及尊重的需要，最高层次才是自我实现的需要。

（2）自我实现者的14个典型特征。

①能完整准确地知觉现实。

②悦纳自己、他人和周围的环境，对自己、他人和环境有极大的宽容。

③内心生活、思想、行为自然率真。

④以问题为中心，而不是以自我为中心。

⑤有独处的需要，是一种超然于世的品质，既不回避与人交往，也喜欢独处的感觉，不依赖别人，愿意自己做主，所以不需要频繁地与人接触。

⑥具有独立自主的特征。

⑦接受并欣赏新事物且不厌烦平凡的事物。

⑧具有高峰体验：一瞬间发生的，极度喜悦、兴奋和广阔松弛、平静的感觉，是完整的、和谐的、无忧无虑的体验。

⑨热爱人类并具有帮助人类的真诚愿望。

⑩与志同道合的人建立持久而深入的人际关系：他们倾向于找其他的自我实现的人做朋友，并且仅与为数不多的人建立深厚友谊。

⑪道德标准明确，分辨目的和手段的区别。

⑫有卓越的幽默感：善意，没有优越感，富有哲理。

⑬富有创造力，不墨守成规。

⑭具有批判精神，不容易被社会诱惑。

（3）心想事成的心理学依据。

心想事成的心理学原理就是吸引力定理。

《秘密》是美国的一本非常畅销的书，说的就是吸引力定理。如果你每天怨天尤人，想的都是不好的事情，事情就会如愿以偿——倒霉的事情接二连三地到来。如果你想的是美好的事情，想象得越逼真越好，那么事情就会慢慢地好起来。

《心想事成的心理机制》，作者和田秀树。人人都希望心想事成，但只有少数人才能真正取得成功，其中，消极的态度是导致失败的一个重要原因。这种态度不仅无助于摆脱困境，反而会促使你继续从负面考虑问题，致使心情变坏，畏缩不前，也就很难找到转机，成功自然会与你擦肩而过。看似简单的道理，但真要把生活态度从消极转为积极并不是件容易的事。往往几经尝试均告失败时，人们就会陷入悲观的恶性循环之中，痛苦万分而无力自拔。

（4）理想的力量。

①人生需要奋斗目标。

有坚定明确的目标，是一个人理智和成熟的标志之一。古往今来，无数事实证明，有了正确的人生理想，就能在黑暗中看到光明，在困难挫折甚至暂时失败时重拾信心，继续努力。强者与弱者、奋起和沉沦之间其实就是理想和信念的差别，一切强者都是为了自己的理想而奋起，一切弱者都是因为失去了生活的目标而沉沦。

②理想是前进动力。

心理学家曾提出过一个著名的公式：动力＝目标价值×期望概率，揭示了个人拼搏的动力与理想之间的正比例关系。当一个人为了理想而奋斗时，就会产生强大的内在动力。反之，如果目标价值不大会因丧失信念而缺乏动力。理想所提供的动力的大小与理想的层次密切相关。一般来说，理想的层次越高，所提供的动力就越大。

③理想提升人生境界。

人们不仅需要物质享受，还要有充实的精神生活，仅满足物质需求不会感受到人生的真正意义。理想是人的精神支柱，思想境界、精神面貌、情操志趣、生活态度和生活质量会因理想不同而大不相同。理想越崇高，越不会被暂时的困难和挫折压倒，越可能获得广泛的认同和尊重，直至实现最大的人生价值。

3. 可替代活动。

（1）筑梦未来（可替代活动1）。

"梦想的殿堂"可以用大学在读学生的采访视频替代，主题为高中与大学生活的联系，激励学生立足当下，筑梦未来。

（2）心想与事成（可替代活动2）。

【辅导要点】

通过资料介绍，讨论梦想对个体发展的激励和指引，从而主动建立积极的自我期待。

【活动内容】

①介绍《遇见心想事成的自己》《吸引力法则》和心想事成的原理。

②讨论心想与事成的关联，以及积极正向的思维习惯的意义。

（3）大学与高中（可替代活动3）。

①介绍文章《我的大学生活感悟》（葛子涵）。

如果说人生是一本书，那么大学生活便是书中最美丽的彩页；如果说人生是一台戏，那么大学生活便是戏中最精彩的一幕；如果说人生是一次从降生到死亡的长途旅行，那么拥有大学生活的我们，便可以看到最灿烂的风景。朋友们，在这人生最美好的时刻，你是否已经扬起了航帆，正奔向理想的彼岸？是否已伸开你那坚强的翅膀，正冲向自由的天空？是否因进入大学而激动万分，心中默许下一个心愿并为之奋斗？

为了这个久违的梦想，我们十年寒窗磨一剑，那些刻苦铭心的日子如今仍旧历历在目。在那收获的日子里我们深刻地理解通过自己的努力完成一件事情是多么有意义，栉风沐雨我们一同走过，风雨同舟抵达美丽的大学校园。站在新的起点上，我是那么的激动，又是那么的神往……

然而在大学生活的画卷铺开时，我发现在寻寻觅觅的尽头，并不都是以往心里的"那人却在灯火阑珊处"的喜悦。梦里寻他千百度，却是犹抱琵琶半遮面。这个时候，我迷茫过，徘徊过，然而时间从不会停下它的脚步，正向朱自清写的那样"洗手的时候，日子从水盆里过去；吃饭的时候，日子从饭碗里过去；默默时，便从凝然的双眼前过去。我觉察他去的匆匆了……"是啊！时间如流水，而我们的人生还有很多要做的事，为了梦想，让我们珍惜时光，从现在开始一点一滴地积累吧！让我们的大学生活变得更加充实、丰富、有节奏。

在生活中我总希望快乐伴随着成功，微笑在每一个青春的季节里，我深知：有大海的呼唤我们就不能让搏击的勇气在海浪中却步，有蓝天的呼唤，就不能让纷飞的翅膀在暗云中退化。

我们都是有梦想有追求的人，不要因为路途艰辛就放弃了前进的脚步。追寻梦想的过程是苦涩的，但只有经过磨砺的人生才会拥有更多内涵。不要让不安的心被浮躁占据，而是驾起灵魂的翅膀在校园里汲取知识，在不同层次的人群里学着更好地做人，四年的时间里坚持很难，放弃却很容易。我们是始终坚信冬天来了，春天就不会再远，没有度过寒冬不知春的温暖，没有走过沙漠不知水的甘甜，没有经过失败不懂成功的喜悦。因为年少轻狂，我们很可能会失败，可也正是年轻给了我们勇往直前、永不言弃的资本。只要我们满怀激情踏踏实实地走好脚下的路，我们终究会取得胜利。

大学是一个充满才华、学问，同时又是一个充满竞争、挑战的小舞台、小社会。我们每一个人就在这个舞台上扮演着不同的角色，那我们何不努力将自己的角色扮演得最好！作为一个大学生，我们都渴望乐观积极而不是盲目冲动，大胆而不大肆妄为，敢说敢想而不空想，深思探究而不钻牛角尖……那就让我们把握青春，在这里锻炼自己吧！在组织活动中留下你辛苦的身影，在社团活动中展现你最美丽的风采，在志愿活动中奉献你一份力量。在这里你得到的不仅是一种知识，更是一种人生最宝贵的财富。恰同学少年，风华正茂，指点江山，激扬文字。让生命之花因年轻而生彩，让青春因为活力而生辉。大学校园里，没有做不到，只有想不到，让我们尽情地去发挥自己的才能吧！不让青春虚度，在每一天的生活里载入一点点收获，让自信的微笑浮在你我的脸上，坚信付出就有回报，激情迸发精彩！

大学是我们每一个人梦想的殿堂，为了来到这个殿堂我们经历了风风雨雨。既然跨进了这道门槛，那么就让我们在这梦想的殿堂里尽情地挥洒个性吧。

大学不是幻想，不是梦想，更不是妄想，而是我们伟大的理想。只要我们为之奋斗，为之拼搏。总有一天我们会满载而归的！那时你会听到枫叶流舟，你会看到金菊在笑，你会闻到硕果飘香，因为你到了收获的季节！

②以文章"我的大学生活感悟"作为引导，反思自己的高中生活，借鉴学长的大学生活感悟，探讨现在与未来的相关，激励学生敢于有梦想，更敢于实现梦想。

（4）祝福漂流瓶（可替代活动4）。

"放飞祝福"可以"漂流瓶"的形式传递。每个学生写上祝福，随机传递给班内任意同学，继续书写祝福并传递。

（5）《理想的力量》（俞敏洪），新东方二十周年纪念演讲视频，可以节选作为活动1的素材。

4. 活动记录单

彩绘梦之塔

借鉴心理学家对人的基本需要的研究，绘制自己的梦想之塔。

①生存需要。

②安全需要。

③爱和归属的需要。

④尊重需要。

⑤自我实现的需要

PSYCHOLOGICAL

DEVELOPMENT

LEARNING

一、活动目的

1.通过"七手八脚"活动放松身心，轻松气氛，引出辅导主题。

2.通过自由书写作品，分析考试焦虑的表现，客观认识考试焦虑与考试结果之间的关系。

3.通过"考场热身"活动，分析应考过程中自己需要关注的要点，了解考场中的情绪反应，消除不合理认知，为即将而来的高考作好充分准备。

二、活动准备

1.按照场地和班级人数分组，每组6~8人，桌椅呈马蹄形摆放，中间留出活动空间。

2.每个同学3个小气球，1支记号笔。

3.舒缓节奏的纯音乐背景，4分钟左右较好。

4.印制活动记录单。

三、活动过程

📖 活动1：七手八脚

【辅导要点】

让学生体验从无序到有序，从开始的七手八脚，到找到方法后的得心应手，放松身心，活跃气氛。

【活动时间】

10分钟。

（建议指导语：高三备考接近尾声，大家都有不同程度的疲劳，今天的课堂我们要激活"游戏脑"，放松一下"学习脑"。）

【活动内容】

（1）每组选派一个同学参加游戏（组长指定，或者小组成员票选）。

（2）派出的同学拿着自己的椅子，到讲台前将椅子一字排开。

（3）所有参加游戏的同学互相配合，统一听口令做动作，要做得像一个整体。

（4）全班保持安静。如口令为"4手6脚"，就伸出4只手，6只脚。谁的手脚无所谓，只要一共是4只手，6只脚即可（可以练习一下）。

（5）开始游戏（口令随机：3手5脚、7手8脚、12手9脚等。场外的观众也可以来出题）。

（6）自由发言：说说自己的感受。

（7）教师总结。

【引导要点】

（1）游戏开始时常常会空有做对之心，却无做对之力。

（2）所有成员找到规律，统一了应对方法才会得心应手。

（3）面对高考也是如此，我们找到应对方法方能沉着应考，成为考试的赢家。

📖 活动2：自由书写

【辅导要点】

临近高考，学生或多或少都存在一些压力与疑惑，为了可以了解他们的真实感受，以"高考"为核心词的自由书写，既可以获得很多真实的信息，本身也是一种有效的放松方法。

【活动时间】

15分钟。

（建议指导语：高考是一项重要的任务，随着它的临近，大家会有不同的感受，那么你的感受是什么呢？通过自由书写，可以让你了解自己和伙伴。）

【活动内容】

（1）在活动记录单"自由书写"的栏目中，完成以"高考"为核心词的自由书写作品。

（2）凡是想到高考，脑中流动出来的语句、词汇，就迅速记录下来，不必考虑逻辑、字迹、标点符号甚至错别字。尽可能快速记录下你的所有想法。

（3）以音乐响起和停止为起止信号，时间4分钟左右。

（4）小组内交流。

每位同学在组内分享自己的作品，小组讨论从作品中分析出来的临考的常见状态，以及焦虑表现的角度。

（5）教师总结。

结合小组发言概要总结。

【引导要点】

（1）自由书写是真实感受的信息来源，也是放松的有效方法。

（2）焦虑表现的方式各异，有的表现明显、易识别，有的会"变脸"，以身体不适或者貌似与学习无关的人际关系问题等方式表现出来。

（3）焦虑有层级，过低过高都不好。适度焦虑是动力。

📖 活动 3：应考锦囊

【辅导要点】

结合耶克斯—多德森定律，讨论考试前和考场上可能出现的状况，并找到应对的有效预案。

【活动时间】

15分钟。

（建议指导语：考前几天和应考的心理状态对考试能否正常发挥影响比较大，我们先就可能出现的状况作好预案，是明智的选择。）

【活动内容】

（1）提供"耶克斯—多德森定律"资料。

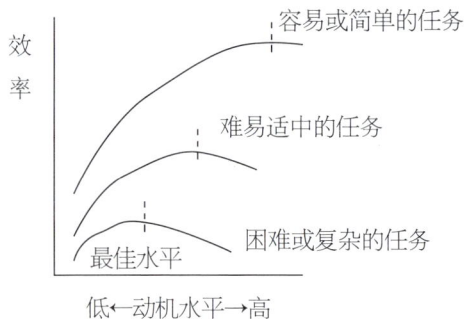

耶克斯—多德森定律

（建议指导语：心理学家耶克斯和多德森的研究证实，动机处于适宜强度时，工作效率最佳。动机强度过低时，缺乏参与活动的积极性，工作效率不可能提高；动机强度超过顶峰时，工作效率会随强度增加而不断下降，过强的动机使人处于过度紧张焦虑的心理状态，干扰记忆、思维等心理过程的正常活动。）

动机的最佳水平不是固定的，依据任务的不同，其性质也会有所改变：完成简单的任务时，动机强度高，效率可达最佳水平；在完成难度适中的任务时，中等的动机强度效率高；在完成复杂和困难的任务中，偏低动机强度工作效率最佳。

（2）在活动记录单"我的问题和预案"表格中填写自己想到的可能问题和应对方案。

（3）小组内讨论。

①结合耶克斯—多德森定律讨论，备考和应考时容易出现哪些问题？

②小组内确定三项共性的问题，讨论应对预案。

（4）组长代表发言，班内分享。

（5）教师总结。

结合小组发言总结引导。

【引导要点】

（1）过于担心结果。

需要审慎思考高考对个体终身发展的意义，高考是重要的非决定性的选拔性考试。

（2）考场中过于紧张。

学习放松的方法。

（3）信心不足。

正确看待模拟考试的结果，多作原因分析，不能以成绩作为信心的基础。

第24堂　沉着应考

（4）容易走神和拖延。

正常分神不必担心，了解注意的特点；限时完成作业可以减少拖延。

（5）睡眠问题。

首先是睡眠量适度就好，而且有个体差异；不赞成疲劳战术。

（6）容易的题不会做或者出错太多。

不管难易，只要不会就先略过，很可能是"舌尖现象"。简单题加紧练习，考试时增加关注度。

（7）适度放松。安全的有氧运动，聊天、听音乐、唱歌都可以。

（8）自我调节无效要及时请教专业人士，寻求帮助。

📋 活动4：踩压力踏动力

【辅导要点】

结束活动，从严肃的思考和讨论中转移出来，释放压力，为高考加油。

【活动时间】

5分钟。

（建议指导语：高考是一次特殊的生命旅程，面对即将到来的高考，我们既要充分重视，又要缓解过多的压力。下面我们就来释放压力，增强动力。）

【活动内容】

（1）每位同学把自己的3个气球吹起来扎好（组内同学互相帮忙，注意安全）。

（2）用记号笔将自己的压力，包括消极的想法，或者激发动力的话写在气球上。

（3）音乐响起，喊出鼓励自己的话，同时踩破气球（小组同学可以互相帮忙）。

四、活动素材库

1. 设计背景

临近高考，心理状态对备考的影响越来越大，看不进去、经常失眠、状态不佳、信心不足、身体疲劳等现象比较普遍。如何看待考试焦虑，对自己的备考状态分析和评价是否准确，对于应考过程中可能出现的问题是否有充分的了解，这些角度都是应考辅导中非常重要的角度。

本节班会课安排在高三最后一节，适宜时间是在第一次模拟考试之后，带领学生放松身心的同时，通过互助讨论和教师引导，对于冲刺阶段复习能否有效开展，以及高考临场发挥是否顺利都有重要提醒和引导作用。

2. 理论支持

（1）耶克斯—多德森定律。

在日常生活中，暂时性的压力可能产生正负两面不同的影响，其关键在于活动的性质与个体感受到的压力程度。以考试为例，考试固然是一种压力，但在试题不太难而且失败威胁不太大的适度压力下，考试仍不失为激励学生进取的有效手段。因为在适度压力下竞争，容易使人产生成就感。只有在试题过难或者考试失败威胁又太大时，才会因心理压力过大对考试成绩产生不良影响。

心理学家耶克斯与多德森经过科学的实验研究后诠释心理压力、工作难度及作业成绩三者之间的关系：在一定限度内，伴随压力水平的提高，工作效率也随之提高，超过这个限度，工作效率随之逐步降低。中等复杂程度的工作，中等压力水平可以获得最佳工作效率；简单易做的工作，中等偏高的压力可获得最佳效率；复杂艰巨的工作，偏低压力水平最佳。实践也证明，适度的压力水平容易保持兴趣，也最大限度减小焦虑对工作的不利影响。

（2）应考技巧。

①做好考前准备。

知识准备，即考前要保质保量完成预定的系统复习计划。

心理准备，即树立正确的应考动机，进行必要的心理训练，掌握放松技巧。

生理准备，即不要打乱适宜的生物钟，生活有规律。

物质准备，即考生除了看考场熟悉环境外，一定要备好应考需要的文具，选择最佳交通工具。

②应考技巧。

按时进入考场，给自己良好暗示。

初读试题，树立信心。

在发试卷等待开始时，浏览试题类型，微调答题时间。

③答题技巧。

一般情况下答题按顺序安排，先易后难、先小后大、先熟后生，这样有助于稳定情绪，但是每一科的学习状态都存在很大个体差异，所以方法策略也因人而异，不盲从。答题顺序安排要根据每个人的特点去安排确定。注意先思后写，准确为主。

检查试卷首先查看题目有无漏做或是刚刚搁置的题目，再检查容易的、错误率高或者缺少把握的题目。发现问题不要急于修改，核实准确无误后再改动答案，从而避免误检。

（3）备考全攻略。

要想在考试当中充分发挥出自己的水平，需要注意以下几个方面：

①充分做好考前复习。

做好考前复习是取得好成绩的关键环节。考前复习是系统复习，将之前学过的内容进行整理、归纳，以求全面系统地掌握。需要注意的是，考前复习时间是有限的，应当避免放长线和事无巨细。例如想把做过的每一道题都再做一遍，或是找来大量的新题展开题海战术，不仅因时间紧、任务重而过于紧张和疲惫，而且效果并不理想。较好的办法是把考前的时间分为三段：第一段以复习书本上的基础知识为主，对学过的基本内容有个整体的把握；第二段是深入理解过程，在纯熟地掌握基础知识的前提下，着重复习重点和难点，对相似内容进行区分和鉴别，确保知识掌握的精确性；第三段是将综合复习与其他学习材料相结合，进一步提高深度和难度，力求条理清晰、内容连贯，丰富各类题型的解题思路。这样可以做到知识重复学习，重复记忆，对整个科目有个全面而精确的了解。

②注意用脑卫生。

考前复习时可以适当延长学习时间，但是不能过分缩短休息时间，搞疲劳战术。大脑也有生物节律，连续工作到一定的时间就需要休息，否则会因为过度疲劳而导致注意力下降、记忆效果差、思维速度减慢、反应迟钝等。所以学习过程中，每1小时左右就应该休息十几分钟，每天应当保证至少6小时的睡眠量。另外，学习内容文理科搭配也可以使大脑两半球交替休息。考前的几天要注意恢复正常的作息，考试过程中一定要保证充足的睡眠。

③对考试有一个合理的期望值。

根据自己的实际水平，确定一个考试目标，给自己一点儿压力，可以激发学习的积极性。注意目标水平一定要适当，不可过高或过低。过高会使心理压力太重，情绪波动大，对考前准备产生干扰，影响效率和质量。过低或没有目标，就会因缺乏动机而漫不经心、拖拉应付，当然不能取得好成绩。

④给自己积极的自我暗示。

在考前尽可能少想考试的结果，特别是重大考试，要学会保证内心世界的镇定从容。不少学生在考试前经常给自己泄气，习惯于琢磨考不好会怎么样、考不上有多么可怕，弄得自己惶惶不可终日，踏不下心来看书学习，这是一种消极的自我暗示，会对考试的顺利进行产生较大的干扰。我们提倡积极的自我暗示，即多给自己信心和鼓励，如在心里对自己说

"我能行""一切都会好的""不就是一次考试吗，我没问题"等自我鼓励的话。积极的自我暗示对于克服考试焦虑非常有效，可以指导学生掌握相关的知识，并在实践中运用。

⑤注意身体健康，加强自我保护。

重大考试前一定要安排适当的饮食，保证充足的体力。身体不适时也要慎用药物，如安眠类药品，一定在医生的指导下服用，以免产生意外。杜绝剧烈的体育活动，避免过度的体力消耗和外伤。还要注意交通安全、饮食卫生等。

⑥掌握应对考试焦虑的有效方法。

考试焦虑是一种多发性问题，特别是面临重大考试时，不少学生受到过度紧张焦虑的干扰。其实适当的焦虑有利于考试时正常发挥，甚至超过自己原有的水平，因为适当的焦虑可以促使学生主动进行考前复习，还可以激活脑细胞，保证紧张高效的脑力劳动正常进行。焦虑水平如果超过正常水平，就会因为对考试过度的担心，而干扰复习和现场答题，造成考试失常。

应对考试焦虑可以运用一些简便易行的心理调节方法，像积极自我暗示法；自我控制法，如想到考试感到紧张时，通过做其他事分散思想；自我放松法，即放松训练。放松训练有多种操作类型，如深呼吸法，就是做腹式呼吸的同时，认真体验腹部的变化，达到身体放松，以此减轻心理上的压力。还可以通过全身各个部位的紧张、放松交替出现，感受身体放松的同时减轻心理的紧张状态。

⑦合理安排答题时间。

考试过程中也需要注意一些问题，如答题的顺序，有人认为应该先浏览一下试卷，先做有把握的容易的题，再做思路不太明确的较难的题，这样可以保证会的内容都答出来，这种方法比较适用于心理素质好的、镇定的学生。如果不能很好地判断难易，或是容易丢三落四的学生，最好就按照前后顺序，依次做题。

注意时间的分配，不要为了一道题而耗费太长的时间，要敢于舍弃。思考几分钟还是没有思路就暂且放在一边，继续做下面的题，保证会的都答上，不会的就猜一下。

另外题目答完以后尚有空余时间，认真做检查，不要将时间用在给自己评分上，因为如果感到与自己的预期相差太远，只会徒增焦急和颓丧，影响下一门考试的情绪。

答题过程中还要注意少受其他因素的干扰，如周围同学答题的速度、卷面字数的多少、交卷的时间，监考老师的活动和站立位置等，都不要在意，只把眼神放在自己的卷子上，认真做自己的题。

3. 可替代活动

（1）压力彩签（可以替代活动2）。

【辅导要点】

通过不同颜色代表不同程度的压力，更加直观了解自身压力和同学们的压力，认识和感受压力的普遍性。

【活动过程】

①就高考备考和应考而言，将自己认为有压力的情境以从低到高的顺序，写在颜色由浅至深的不同贴纸上，粘在衣服上。

②学生可以了解到每个人都有压力，不同的人压力角度不同。

③通过总结分析压力的不同层级，讨论备考和应考的重要角度及自我调整。

（2）撕压力贴动力（可以替代活动4）。

结束活动，将代表压力的彩签粘纸撕掉，写上对高考祝福的话，为自己重新贴上，也为小组成员每人写一句祝福的话，彼此赠送。

4. 活动记录单

自由书写

主题：高考

我的问题和预案

我想到的问题	我做出的预案

参考文献

[1][奥]阿尔弗雷德·阿德勒.超越自卑[M]. 黄光国，译.南昌：江西人民出版社，2014.

[2][美]阿尔伯特·班杜拉.社会学习理论[M]. 陈欣银，等译.北京：中国人民大学出版社，2015.

[3]埃里克·H.埃里克森.同一性：青少年与危机[M].孙名之，译.北京：中央编译出版社，2015.

[4]边西同.乔哈里咨询窗视角下的师生沟通[J].现代教育科学，2014（4）.

[5]程琨.高中生应对方式、心理弹性与适应取向心理健康的关系[D].济南：山东师范大学，2014.

[6]曹文培.学习方法与心理辅导[M].北京：国家行政学院出版社，2013.

[7]迟毓凯.学生管理的心理学智慧[M].上海：华东师范大学出版社，2015.

[8]程燕.青少年学生从众行为及其引导[J].辽宁教育行政学院学报，2005，22（9）：47-49.

[9][美]黛比·福特.接纳不完美的自己[M].严冬冬，译.长春：吉林文史出版社，2009.

[10][美]戴维·迈尔斯.社会心理学[M].张智勇，乐国安，侯玉波，等译.北京：人民邮电出版社，2006.

[11]杜健.青少年理想——现实自我差异、自我效能感与抑郁的关系[D].长春：东北师范大学，2012.

[12]董妍，王琦.积极情绪与身心健康关系研究的进展[J].心理科学，2012.

[13]董莉，周少贤.心理健康教育指导（人际篇）[M].北京：科学出版社，2012.

[14]方海明，何伟强，刘岩，等.中学生班集体意识的发展研究[J].浙

江师范大学学报（社会科学版），2003，28（1）：85-88.

[15]弗雷德曼.别让小情绪害了你[M].长沙：湖南文化出版社，2014.

[16]范金刚.高中生的学习投入与班级心理氛围的关系[J].中国健康心理学杂志，2010，18（9）.

[17]郭斯萍，陈四光.中学生心理健康教育[M].南昌：江西高校出版社，2003.

[18]耿宁.重点高中新生学校适应状况调查及干预研究[D].太原：山西大学，2008.

[19]戴正清，徐飞，徐旭辉. 论马斯洛自我实现理论[N].宁波大学学报，2015（2）.

[20]郭彦雯.以人为本，激励学生自我实现——马斯洛人本主义心理学对高校思想政治教育的启示[N].山东省青年管理干部学院学报，2008（6）.

[21]黄天中，吴先红.生涯规划——体验式学习[M].北京：北京师范大学出版集团，2010.

[22]侯瑞鹤.情绪调节理论：心理健康角度的考察[J].心理科学进展，2006.

[23]蒋薇美.中学生心理课生涯发展[M].北京：中国轻工业出版社，2015.

[24]蒋薇美.中学生心理课综合篇[M].北京：中国轻工业出版社，2015.

[25]江光荣，靳岳滨.高三学生考前心理困扰的团体辅导研究[J].教育研究与实验，1997.

[26]金璐.中学生学习投入现状与对策研究[D].福州：福建师范大学，2014.

[27]姜青青.高中生羞怯、自我同一性与学校适应的关系[D].济南：山东师范大学，2015.

[28]卡尔·罗杰斯.个人形成论——我的心理治疗观[M].杨广学，等译.北京：中国人民大学出版社，2004.

[29]李佩贞.高中生学习动机的团体辅导[D].杭州：浙江师范大学，2013.

[30]李晓文，孙晓玲.青少年理想自我表征的丰富性及其调节作用研究[J]. 心理发展与教育，2005（4）.

[31]李云捷，伍永亮，张同航.从众行为的心理探析[J].山东省青年管理干部学院学报，2008（1）：75-76.

[32]李慕楠.学生青春期心理教育[M].沈阳：辽海出版社，2013.

[33]罗莉.浅析高三学生心理辅导四阶段论[J].理论研究，2013（7）.

[34]林崇德.发展心理学[M].北京：人民教育出版社，1995.

[35]林甲针，陈如优.高中生职业生涯规划与班级团体辅导[M].福州：福建教育出版社，2015.

[36]刘延平.高中生亲子关系现状及调适——中学德育工作中亲子关系的指导研究[D].兰州：西北师范大学，2006.

[37]刘林涛.《高三学生考试焦虑认知中心团体辅导手册》的修订及研究[D].昆明:云南师范大学，2014.

[38]刘琬瑶，聂衍刚，吴少波.青少年自我差异的内在结构及特点[J].基础研究，2016（2）.

[39]刘华山.关于高中生自尊与心理健康关系的研究[J].教育心理研究，2008（5）.

[40]刘江华."悦纳自我"对促进高职校生涯规划实效性的研究[J].内江科技，2011（10）.

[41]刘丽燕.跟专家学心理分析[M].北京：中国商业出版社，2010.

[42]刘视湘，马利艳.中学生团体心理辅导[M].北京：开明出版社，2009.

[43]罗军.积极情绪体验对大学生心理健康的影响[J].医学研究与教育，2012.

[44]蓝海，馨泉.解读中学生[M].保定：河北大学出版社，2003.

[45]马伟娜，姚雨佳，周丽清.自我效能和生活事件对中学生心理健康

的作用途径及模型构建[J].中国学校卫生，2010，31（10）.

[46]马丽. 爱自己——认识自我，悦纳自我[J].中小学心理健康教育，2008（4）.

[47]潘发达.情绪归因研究的现状与未来发展[J].太原师范学院学报社会科学版，2005.

[48]潘春波.基于"乔哈里窗"视角的综合实践活动课程[J].新课程，2014（9）.

[49]戚光远.高中生自我同一性和问题行为的相关研究[D].大连：辽宁师范大学，2012.

[50]石玉.高中生自尊、心理弹性和应对方式的相关研究[D].石家庄：河北师范大学，2012.

[51]孙晶，王艳翠.心海扬帆[M].北京：现代教育出版社，2013.

[52]苏明明.哈佛情商课[M].北京：经济管理出版社，2014.

[53]司家栋.高中班级团体心理辅导主题方案[M].北京：蓝天出版社，2013.

[54]施元庆.普通高中高一学生学习策略研究[D].武汉：华中师范大学，2010.

[55]石艳秋. 浅谈高中生自卑心理咨询方法[J].教研视点，2012（26）.

[56]韦传东.高一新生入学后的心理适应[J].时代教育，2009（5）：139.

[57]王明春.高一学生心理适应问题及对策[J].中小学心理健康教育，2009（5）：40-41.

[58]王铁梅.合理情绪疗法及其应用研究[J].佳木斯大学社会科学学报，2007.

[59]文明，乐国安，文军.对从众行为的社会心理学研究[J].社会科学研究，1990（2）：46-52.

[60]王燕云.论马斯洛需求层次和自我实现[J].文学教育，2011（8）.

[61]沃建中.心理健康教育与培养（人际篇）[M].北京：科学出版社，2003.

[62]吴增强.学习心理辅导[M].上海：上海教育出版社，2012.

[63]吴清伟，吴坪珍.如何提高学生的自我认识能力[J]. 学术研究，2015（9）.

[64][美]沃建中，曹凌雁，郑正文.心理健康教育指导——自我篇[M]. 北京：科学出版社，2003.

[65]徐宪江.哈佛情绪控制课[M].北京：中国法制出版社，2014.

[66]咸奎汀.最亲切的情绪课[M].青岛：青岛出版社，2014.

[67]徐岳敏.学生心理拓展训练[M].重庆：西南师范大学出版社，2010.

[68]熊恋，凌辉，叶玲. 青少年自我概念发展特点的研究[J].中国临床心理学杂志，2010（4）.

[69][美]亚伯拉罕·H.马斯洛.动机与人格（第三版）[M].许金声，等译. 北京：中国人民大学出版社，2013.

[70]严秀英，金瑛，张光星.论理想与现实自我的落差及学业自我效能感的关系[J].黑龙江高教研究，2012（8）.

[71]阳志平，等.积极心理学团体活动课操作指南[M].北京：机械工业出版社，2009.

[72]姚裕群，王乐夫，刘紫婷.职业生涯规划与就业指导[M].北京：北京师范大学出版集团，2013.

[73]杨芷英.青少年冲动行为的心理疏导及其矫正[J].重庆社会科学，2013.

[74]杨治良.中小学心理健康教育[M].上海：华东师范大学出版社，2004.

[75]杨荣华，陈中永.大学生现实——理想差异与自我效能、自我实现、自我认同及心理症状的关系[J]. 中国临床心理学杂志，2010（4）.

[76]朱凌云.生涯规划（高中）[M].北京：北京师范大学出版集团，2015.

[77]张纪元.中学生职业生涯规划教学设计[M].北京：北京师范大学出版集团，2012.

[78]张元.职业生涯设计[M].北京：北京师范大学出版集团，2007.

[79]张丽华，邱秀娟，沈洪，等.高中生自尊结构研究[J]. 辽宁师范大学学报（社会科学版），2012（2）.

[80]张苏.中学生心理弹性及其与应对方式的关系研究[D].成都：四川师范大学，2010.

[81]张付山，陈燕.班级体验式心理拓展活动100例[M].济南：山东文艺出版社，2012.

[82]张友源.左脑情绪管理，右脑压力管理[M].北京：中国财富出版社，2012.

[83]张嫦.团体心理辅导活动设计[M].天津：天津教育出版社，2011.

[84]张述祖，沈德立.普通心理学[M].北京：教育科学出版社，1987.

[85]张灵畅.高二学生学习动机与学业求助关系及干预研究[D].石家庄：河北师范大学，2014.

[86]张建人，杨喜英，熊恋，等.青少年自我同一性的发展特点研究[J].中国临床心理学杂志，2010（18）.

[87]张丽蓉，朱金红.青年现实——理想自我差异及其与心理健康的关系[J].凯里学院学报，2011（29）.

[88]赵世俊，莫晔，胡娜.中学生生涯规划（初中版）[M].南京：江苏科学技术出版社，2012.

[89]赵石屏.心理健康教育与情绪发展[J].重庆师院学报哲社版，2001.

[90]赵珍珍.群体情绪凝聚及其产生机制[J].宁波大学学报，2015.